Emil Schlee

Ritterlichkeit – um der Zukunft willen

Eine Lanze für die Tugend

Ein Denkanstoß für die Jugend

Emil Schlee

Ritterlichkeit – um der Zukunft willen

Eine Lanze für die Tugend

Ein *Denkanstoß* für die Jugend

Aufsätze und Vorträge

Deutsche Verlagsgesellschaft Preußisch Oldendorf

ISBN 978-3-920722-78-8

Für Buchbestellungen:
Postfach 1180, 32352 Preußisch Oldendorf
Telefon (0 57 42) 93 04-44/45, Fax (0 57 42) 93 04 55

Gesamtherstellung: Kölle-Druck GmbH, Preußisch Oldendorf

1. Auflage 1996
2. erg. Auflage 2008

Gedruckt in Deutschland

Inhalt

Vorwort zur 1. Auflage

Es war stets ein feierlich-festlicher Anlaß und Rahmen für die hier abgedruckten Vorträge gegeben. Jahres- oder Festkapitel von Ritterorden in den letzten zwei Jahren, Stadt-, Schloß- oder Klosterkirchen oder entsprechende Hallen und Lehrräume waren mit festlich gekleideten und geschmückten Damen und Herren aller Altersgruppen und aus dem In- und Ausland gefüllt und sorgten für eine wohltuende und zuversichtlich stimmende Atmosphäre. Orgelspiel und feierliche Musik wechselten mit Ansprachen, gottesdienstlicher Predigt und festlichem Vortrag. Es waren Stunden gemeinsamer Erbauung, Gedanken, Gespräche und persönlicher Verinnerlichung.

In solchen Stunden begegneten sich Tradition und Geschichte mit Gegenwarts- und Zukunftsfragen, Generationen und Geschlechter in gemeinsamer Verantwortung für die Zukunft. Aus Wissensdurst, Lernbereitschaft, Gegenwartssorge, Zukunftsungewißheit und der Erkenntnis, daß sinnvolles und überlegtes Tun in dieser kritischen Zeit ein Gebot der Stunde ist, entstanden die hier aufgeführten Themen. Sie wurden auch im Rahmen des Vortrages so untergliedert referiert, um die rethorisch-pädagogische Intensität zu sichern und zugleich die Komplexität des Themas darstellen zu können und zu wahren. Daß es wegen der wechselnden Zuhörerschaft und der unterschiedlichen Themenschwerpunkte gelegentlich zu notwendigen Wiederholungen kommen mußte, war zwar nicht auffällig, soll hier aber vermerkt sein.

Als eine wirksame Unterstützung erwies sich, daß alle Teilnehmer am Ende der Veranstaltung das gedruckte Manuskript erhielten und die jeweiligen Ritterorden den Vortrag in ihren Ordenskurieren, Heroldsblättern oder Zeitschriften abdruckten, so daß eine kritische Nachlese, aber auch eine große Verbreitung der Gedanken möglich wurden.

Dem Autor und Referenten ist bewußt, daß es sich bei diesem Ritterthema stets um das Spannungsverhältnis von Theorie und Praxis, Tradition und Gegenwart, Ideal und Wirklichkeit handelt, daß es um vorbildhafte Ideale geht, die es nach besten Kräften zu verwirklichen gilt. Die Vorstellung einer achtenswerten „Ritterlichkeit" ist den meisten Menschen durchaus bewußt geblieben, wurde aus dem Mittelalter bis in die Gegenwart getragen; eine Ritterlichkeit, die nicht nur gewußt, sondern in unserer Zeit verstärkt gewünscht, herbeigesehnt wird! Insofern wurde immer wieder der Wunsch geäußert, diese Vorträge doch in einem Sammelband zu veröffentlichen, weil sie in der Breite der Anlage und in der Konzentration der Aussage eine willkommene Herausforderung darstellen, die die Frage, Aufgabe und Antwort in mancherlei Hinsicht erkennen läßt und daher hilfreich ist. Möge es so sein.

Vorwort zur 2. Auflage

Als um 2000 die 1. Auflage vergriffen war, kamen immer wieder von Ritterorden, Jugendgruppen und Einzelinteressenten Nachfragen und Bestellungen. Da sich das politische Klima im Lande, in Europa und in der übrigen Welt zunehmend nachteilig verändert hat, der Wunsch, das Begehren, die Notwendigkeit nach Ritterlichkeit im Leben, in der Politik, im Umgang der Völker miteinander ständig zunimmt, haben sich Verlag und Autor entschlossen, durch eine 2. Auflage dieser negativen Entwicklung Rechnung zu tragen und positiv für mehr Menschlichkeit Hilfestellung zu leisten.

Es ist, wie es Bruder Gerhard, der Gründer des Johanniter-Ordens, schon Anfang des 12. Jahrhunderts kennzeichnete: „Unsere Bruderschaft wird unvergänglich sein, weil der Boden, in dem die Pflanze wurzelt, das Elend in dieser Welt ist, und weil, so Gott will, es immer Menschen geben wird, die daran arbeiten wollen, dieses Leid geringer, dieses Elend erträglicher zu machen."

Möge es so sein und hilfreich bleiben! Emil Schlee, 2007

Die Führer des Ersten Kreuzzuges: Gottfried von Bouillon, Raimund IV., Graf von Toulouse, Bohemund von Tarent und Tankred von Hauteville, mit ihrem Kriegsgefolge auf dem Weg ins Heilige Land (Zeichnung von A. de Neuville).

Ritterlichkeit

(1) „Du darfst nicht für Dich, sondern mußt für eine große Idee leben!" (Prinz Eugen)

Einleitend die Feststellung: Es ist der Geist, der seine Welt sich baut und formt, es sind die Ideen, die Geschichte machen und in die Zukunft wirken, und es sind die Menschen, die sie verfechten und für sie zu sterben bereit sind, weil sie fühlen und verstanden haben, was der erfolgreiche österreichische Heerführer und Feldherr Prinz Eugen von Savoyen-Carignan (18.10.1663 – 21.4.1736) der Nachwelt appellhaft als Rat hinterlassen hat: „Du darfst nicht für Dich, sondern mußt für eine große Idee leben!"

Diese große Idee – als solche wird hier die „Ritterlichkeit" vorgestellt – fand im Mittelalter zu Beginn der Kreuzzugsepoche in den geistlichen Ritterorden, die aus einer Verbindung von Mönchtum und Rittertum entstanden sind, eine wirkungsvolle Verkörperung. Mit der im Menschen angelegten und daher immer wieder von Geschlecht zu Geschlecht zu erweckenden Idee und dem vorzulebenden Ideal der Ritterlichkeit konnte diese wegen ihrer inhaltlich hohen ethischen Werte in den Ritterorden die Jahrhunderte überdauern und ihre Aktualität auch gerade in unserer verwirrten Zeit und Welt wahren. Schon der Meister und Vorsteher der Bruderschaft der Hospitaliter und Gründer des Johanniterordens, Frà Gerard (Bruder Gerhard), gest. 3.9.1120, wußte, warum die Ideale und Aufgaben eines Ritterordens unvergänglich sind: „Unsere Brüderschaft wird unvergänglich sein, weil der Boden, in dem die Pflanze wurzelt, das Elend dieser Welt ist und weil, so Gott will, es immer Menschen geben wird, die daran arbeiten wollen, dieses Leid geringer, dieses Elend erträglicher zu machen!" Heute sind die traditionellen großen Ritterorden weltweit, zum Teil in eigenen Krankenhäusern, und vermittels zahlreicher Spenden noch immer karitativ tätig und haben alle Hände voll zu tun! (1) Das Rittertum hat geistig, ideell und zudem praktisch und hilfreich gewirkt. Es hat auf die Entwicklung und Gestaltung der Menschenrechte, des Völkerrechts, des Kriegsrechts und der Entwicklung militärischer Verhaltensformen kultivierend und zivilisierend konstruktiven Einfluß genommen. (2) Es ist sinnvoll, daran wieder erinnert zu werden. (3)

(2) Die Gegenwartsbezogenheit der Ritterlichkeit

Das Bemühen, für die Ritterlichkeit auch im 21. Jahrhundert „eine Lanze zu brechen", wird auch dadurch gefördert, daß der Begriff „Ritterlichkeit" im Bewußtsein der Menschen unserer Zeit durchaus gegenwärtig ist. Bewußt ist allerdings ebenfalls, daß die „Kreuzzüge", sowohl die im Mittelalter als auch diejenigen im 20. Jahrhundert, kaum als Zeugnisse der Ritterlichkeit gelten können. (4) Unabhängig davon verbinden viele Menschen unserer Zeit mit dem Begriff des Ritters noch etwas Besonderes, Hervorragendes und Beispielhaftes, etwas, das es so heute nicht mehr gibt, das man gar vemißt, dessen Neubelebung in zeitgemäßer Form uns guttun würde.

Die umfängliche, vielfältige und oft gut illustrierte Literatur über das Rittertum zeigt: Man besinnt sich, daß das Rittertum Ausdruck der Kultur und Lebensformen im hohen und späten Mittelalter war, eine bedeutungsvolle abendländische Erscheinung, deren Vertreter sich am Leitbild des der Ehre verpflichteten, tüchtigen und wohlerzogenen Menschen orientierten, in ihrer ritterlichen Tugendlehre antike und christliche Ethik sowie germanisch-rechtliche Auffassungen vereinigten und als Ordensritter eigentumslos dem Dienste an den Armen und Kranken und der Ausbreitung des Reiches Gottes in der Welt lebten. Als Deutsche wissen wir, daß die Ausstrahlung dieser Ordensethik in der Gemeinschaft des Deutschen

Ritterordens als tragende Kraft über Brandenburg-Preußen zur Wiedererrichtung des Deutschen Reiches 1871 geführt hat. Das Ethos des Dienens, die Idee des Rechtsstaates, die Toleranz gegenüber Andersdenkenden und die Suche nach Wahrheit und deren Durchsetzung sind Werte und Aufgaben, die zeitlos gültig und gerade heute des Einsatzes aller edlen Kräfte wert sind!
Gerade Geschichte als Vergegenwärtigung des Gewesenen läßt uns auch erkennen, daß alle Formen der Höflichkeit, der Achtung und des Respekts, jede Art der Hilfsbereitschaft, der Anständigkeit, insbesondere gegenüber Frauen, jede Form der Fairneß bei Spiel, Sport und Wettkampf, aber auch im Bereich der sogenannten „politischen Kultur", im heutigen Alltagsleben der Menschen weiterhin einen hohen Stellenwert haben, weil sie letztlich insgesamt Facetten der Ritterlichkeit und Spiegelungen ritterlicher Tugenden sind. Den Menschen wird bewußt, daß Ritterlichkeit als Begriff und Forderung durchaus zeitgemäß ist. Ritterlichkeit ist wahrhaftig nicht nur ein akademisches Thema, sondern berührt den Menschen „von der Wiege bis zur Bahre": Abgesehen davon, daß Kinder gern mit Ritterfiguren und Burgen spielen, Ritter ihre Helden in Sagen, Abenteuerbüchern, Comic-Serien und Breitwandfilmen sind, sie als Schüler über das Rittertum erfahren und Burgen besuchen – im Ergebnis ist für den Erwachsenen unserer Tage „ritterliches Benehmen" weder fremd noch antiquiert. Es muß jedoch wieder bewußt gemacht werden. Als die letzten Tage Friedrich Schillers gekommen waren, bat er seine besorgten Freunde: „Gebt mir Märchen und Rittergeschichten, da liegt der Stoff zu allem Schönen und Großen!"

(3) Die Welt der Ritterorden und ihre Tugenden

Geschichte ist die geistige Form, in der sich Menschen und Völker über ihre Vergangenheit Rechenschaft geben, um ihre Zukunft gewinnen zu können (A.J. Toynbee), sie ist das

Gedächtnis der Menschen und Völker und ermöglicht durch die Vergegenwärtigung des Gewesenen (G. v. Rauch) ausgewogenere Entscheidungen für die Zukunft. Man muß sich einfühlsam und verständnisvoll in die vergangenen Zeiten hineinversetzen können, um zu ihnen überhaupt einen angemessenen Zugang zu finden, denn das Amt des Historikers ist nicht das des Richters!
Man muß sich vergegenwärtigen: Die Entstehung der geistlichen Ritterorden fällt in die Zeit der Kreuzzüge, eine Zeit tiefen Fühlens, starken Glaubens, gesteigerten christlich-europäischen Bewußtseins in einer bis zum Selbstopfer bereiten Welt. So entstand damals ein Rittertum, das in der Verbindung von Mönchtum und Rittertum sich als „Militia Christi" zur Rettung des Heiligen Landes verstand, dem Gelübde der Mönche, in Armut, Keuschheit und Gehorsam zu leben, sowie den ritterlichen Waffendienst zu übernehmen, um für den Glauben und zum Schutze der Pilger zu kämpfen. Zudem muß man wissen, daß die Hospitäler damaliger Zeit aus heutiger Sicht eher eine Kombination von Herberge, Gasthaus, Obdachlosenheim, Sozialstation und Krankenhaus mit christlicher Nächstenliebe im Dienste der Armen, Kranken und Verwundeten waren. Die geistlichen Ritterorden waren also geistlich-ritterliche Gemeinschaften mit Großaufgaben für die Kreuzzüge. Der Glaube war die tragende und treibende Kraft, die Pilgerfahrt der Weg des Christen zu einem neuen Leben. Von den Ritterorden jener Zeit gewannen vor allem die JOHANNITER (nach dem Spital des heiligen Johannes in Jerusalem benannt, seit 1108 vorwiegend der Krankenpflege dienend, 1113 vom Papst anerkannt) und die TEMPLER (so wegen der Nähe ihrer Kirche zum Tempel Salomonis benannt, seit 1118 besonders zum Schutz der Pilger im Einsatz, 1119 vom Papst anerkannt) internationale Bedeutung. Ein weiterer Orden von internationalem Rang entstand 1198 vor Akkon, der sich aus einer von Bremer und Lübecker Kaufleuten gestifteten Hospitalbruderschaft entwickelte. Er erlangte als

DEUTSCHER ORDEN in der deutschen Geschichte große Bedeutung, als er 1226 durch kaiserlichen und päpstlichen Auftrag für die Christianisierung Preußens zu neuem Einsatz bestimmt wurde. Ohne auf die wechselvolle Geschichte der genannten Ritterorden eingehen zu können, sei doch angemerkt, daß auch heute noch die Johanniter, Malteser, Templer und der Deutsche Orden weltweit (und auch in Deutschland) karitative und andere Aufgaben erfüllen. An dieser Stelle ist anzumerken, daß es ordensgleiche Vereinigungen, deren Mitglieder sich ebenfalls bestimmten Regeln unterwerfen, besondere Verpflichtungen übernehmen und hohe Ziele setzen, zu allen Zeiten und in vielen Teilen der Welt gegeben hat und zum Teil auch heute noch gibt. So gab es zum Beispiel schon vor der eigentlichen Kreuzzugsepoche Kontakte und Impulse mit ordensähnlichen Bünden aus der arabischen Welt. Hier ebenfalls in Kürze drei Beispiele: Aus der Zeit des Römischen Weltreiches, aus dem Vorderen Orient (Persien) und dem Fernen Osten (Japan).

- Es gab bereits zur Zeit des Römischen Weltreiches den zwischen Patriziern und Plebejern angesiedelten Stand der Ritter (equites); ein Reiteradel, der seit der Königszeit in Hundertschaften (Centurien) gegliedert war. Er war durch einen schmalen Purpurstreifen an der Tunika gekennzeichnet, wurde später zum Offiziers- und Beamtenstand umgebildet und durch Hadrian (76 – 138 n. Chr.) zum ausschließlichen Träger der Reichsverwaltung und zu Senatoren im Stadtbezirk Rom erhoben. Diesem Ritterstande gehörte auch der wohlhabende Vater des später so berühmten Römers Marcus Tullius Cicero an, der selbst in seinen Reden und Briefen oft darauf hinwies, daß er vom einfachen Ritter zu der höchsten Ehre, die Rom zu vergeben hatte, aufsteigen konnte (5).
- Auf der Burg Alamut nördlich von Teheran hatten im 11. und 12. Jahrhundert die ordensmäßig organisierten Nizariten (auch Assassinen, Ismailiten) ihren Hauptstützpunkt. Mit ihnen kamen in Syrien zur Zeit der Kreuzzüge auch

europäische Ritterorden in Verbindung. Mehr wurden sie uns durch den Reisebericht von Marco Polo (1298/99) bekannt. Sie hatten in Aleppo ein Missionshaus, in Syrien und im Libanon Burgen, hatten 1250 bei Akka mit Kreuzfahrern Kontakte, waren zum Teil auch gegen diese eingesetzt. Als reformierte Nizariten, Ismailiten (schiitischer Islam) sind sie noch heute im Vorderen Orient tätig und haben seit 1800 den Aga Khan als Oberhaupt an ihrer Spitze (6).

- Erwähnt werden soll hier ebenfalls der japanische Samurai-Kriegeradel (7), ursprünglich als bewaffnete Begleitergruppe der kaiserlichen Familie sowie des Adels eingesetzt, später Vasallen des Shoguns (1192–1868) und ihm nachgeordneter Regionalfürsten. Den Rittern vergleichbar ihr oberster Stand, der unter dem Hochadel (Militär, Beamte, Priester) angesiedelt war. Sie hatten einen strengen Ehrenkodex, das Recht, zwei Schwerter zu tragen, und eigene Gerichtsbarkeit. Sie wurden zum Teil in den Adelsstand erhoben.

Trotz aller Vielfalt der Formen im Mönchs- und Ritterordenswesen gab es eine Gemeinsamkeit: Der hohe Stand der Lebensregeln, Tugendlehren und des Ehrenkodex. Daß die ritterlichen Tugenden in Verbindung mit den besonders in Frankreich entwickelten höfischen Formen trotz des Abklingens der politischen Bedeutung des Rittertums bis in unsere Gegenwart erzieherische Ideale und Vorbilder blieben, daß sie gewissermaßen ein bedeutendes europäisches Kulturerbe und Kulturvermächtnis darstellen, erklärt sich aus der Mächtigkeit erlebter und gelebter Ritterlichkeit. Es ist die Ritterlichkeit im Geiste, in der Gesinnung, die zu ritterlichem Verhalten, zu ritterlicher Haltung führt. Diese Ritterlichkeit in Gesinnung und Haltung meint auch Prinz Eugen, wenn er uns zuruft: „Du darfst nicht für Dich, sondern mußt für eine große Idee leben"; sie meint ebenfalls, daß ein Ritter sein Streben nach Ruhm und weltlicher Ehre grundsätzlich in den Dienst höherer Ziele stellt. Sie kommt auch in der Erkenntnis zum Ausdruck, daß Bildung nicht allein Wissen ist, das selbstverständlich dazugehört, sondern Bildung sich vor allem in der Haltung, im Verhalten gegenüber anderen Menschen zeigt, und auch das Denken erst dann wirklich begriffen worden ist, wenn man den anderen Menschen mitdenkt, mitbedenkt, sein Eigensein und Eigenrecht gelten läßt, es verteidigt, wiederherstellt, sofern es verletzt wurde. Die Ritterlichkeit in der Gesinnung vermag Feindschaft in Kampfverbundenheit zu wandeln. Sie schmilzt Gegnerschaft um in eine Friedensgemeinschaft. „Der geistige Ort, an dem das Rittertum sich selber über sein Wesen und seine Aufgabe ausspricht, ist seine Dichtung, das Werk Wolframs von Eschenbach, Hartmanns von Aue, Gottfrieds von Straßburg und Walthers von der Vogelweide, die mit Ausnahme Gottfrieds dem Ritterstande angehörten" (s. Hunke) (8).

(4) Ritterliche Tugenden, Pflichten, Gebote und Rechte

In der Entstehungs- und Entwicklungsphase des Rittertums im Mittelalter treten drei tragende Elemente deutlich hervor. Es ist einmal die Herausbildung des ritterlichen Ehrenkodex, zweitens die Entfaltung der ritterlichen Frömmigkeit des Gottesstreitertums, wie bei den Templern, Johannitern und Deutschordensrittern erkennbar, und drittens die Übernahme der geselligen, durch den Minnedienst charakterisierten Kultur vom Ausland einschließlich der damit sich entwickelnden literarischen Aufgaben. Hierdurch entstand eine Kultur, die uns Baukunst, Literatur und Plastik deutlich nacherleben lassen. Diese ritterliche Kultur beeinflußte das gesamte Abendland und wirkt in mannigfacher Form bis in unsere Gegenwart hinein. Wenn man bedenkt, daß sich das heutige Europa der politisch-kulturellen Vielfalt im Mittelalter entwickelt hat und vorgeformt wurde, daß dieses Mittelalter durch die Kraft des Glaubens jener Zeit unsere heutige Welt entscheidend mitgeprägt hat, daß Bildung und Wissenschaft in den damals entstandenen Universitäten zu einem starken Strukturelement des heutigen Europas wurden, daß die im Mittelalter entstandene Stadt (80 % aller deutschen Städte entstanden im 12. und 13. Jahrhundert) als Rechtsform der Freiheit und als Kraftform wichtiger Entwicklungen für die Gegenwart unentbehrlich ist, daß auch die auf Recht und Ordnung und Freiheit sich gründende politisch-soziale Staatsform der Neuzeit aus dem Mittelalter hervorgegangen ist, daß also die konstruktiven Ideen und zeitlos gültigen Ideale aus dem Mittelalter in vielerlei Hinsicht Grundlagen unseres heutigen Lebens darstellen, dann erklärt sich auch das zeitlose Fortgelten der ritterlichen Tugenden.

Das abendländische Nachdenken über den sittlichen, kultivierten und gebildeten Menschen ließ Tugend-, Pflichten- und Gebotelehren entstehen. Letztere meinen vornehmlich die zehn christlichen Gebote. Die antike Pflichtenlehre bezieht sich auf das Pauluswort, daß wir „züchtig, gerecht und fromm leben sollen in dieser Welt". Calvins „Pflichtenkreise" beschreiben Pflichten gegen Gott (fromm), Pflichten gegen den Nächsten (gerecht) und Pflichten gegen uns selbst (züchtig). In der Ethik Ciceros („Maßstäbe des Guten und Bösen", zw. 46 – 44 entstanden) finden wir die Tugenden „Klugheit, Gerechtigkeit, Tapferkeit und Maß". Thomas von Aquin (1225 – 1274) ergänzte diese Kardinaltugenden in seiner Morallehre in der Fassung: „Klugheit, Gerechtigkeit, Tapferkeit, Maß, Glaube, Hoffnung, Liebe". Es ist festzustellen, daß die Kennzeichen des Ritterideals dem griechischen Bildungsideal (körperlich-geistiger Vollkommenheit) ähnlich waren und einen Begriffskomplex umfassen, der ebenso im arabischen Orient gepflegt wurde wie auch an anderen Stellen in dieser Welt. Der Grundbegriff aller lebendigen Sitte und höchstes Ritterideal ist die Ehre. Alles andere – Klugheit, Gerechtigkeit, Tapferkeit, Standhaftigkeit, Aufrichtigkeit, Charakterfestigkeit, Treue, Selbstbeherrschung, Maß, Zucht, Entschlossenheit und mehr – liegen darin eingeschlossen. Die Ehre verpflichtet zur Sittlichkeit, Humanität, Ritterlichkeit. Im Sinne Kants ist Tugend moralische Stärke im Befolgen der Pflicht!

(5) Ritterlichkeit – um der Zukunft willen!

Die im ritterlichen Verhalten lebendig werdenden Tugenden sind dem Menschen zu allen Zeiten vertrauter gewesen, als es ihnen möglicherweise bewußt geworden ist. Denn es sind ja Lebensregeln, Herausforderungen, Überlebensnotwendigkeiten, mit denen er ständig umzugehen hat. Ob es sich um die zehn Gebote in der Heiligen Schrift, die Kardinaltugenden des Thomas von Aquin, um die ritterlichen Tugenden der Ordensritterschaften oder die preußischen Tugenden als Grundlagen eines geordneten und ordentlichen Lebens in Volk und Staat oder um die Grundrechte im Grundgesetz für die Bundesrepublik Deutschland mit dem Artikel 1 Abs. 1 Satz 1 handelt, der lautet: „Die Würde des Menschen ist unantastbar", stets befindet sich der Mensch im Spannungsfeld der Ritterlichkeit, die ihn zu einem menschlichen, sittlichen und ehrenvollen Verhalten auffordert. Es sind Formen des Menschen für den Menschen, die ihm Schutz, Halt und Sicherheit geben und ihn zugleich zu ritterlichem Handeln herausfordern. So fanden die ritterlichen Tugenden der Ordensritterschaften in der über 350-jährigen deutschen Militärgeschichte ihre Entsprechung in den preußischen Tugenden, die auch eine Versittlichung des Soldatenberufs gefördert haben. So mahnte 1686 z.B. der Große Kurfürst Friedrich Wilhelm seine in den Türkenkampf nach Ungarn ziehenden Soldaten und Offiziere, sich ehrenvoll und ritterlich zu verhalten. Er hatte zuvor seine Offiziere versammelt, um ihnen zu sagen, sie sollten die Soldaten seinem und ihrem Ansehen gemäß führen! Daß das auch geschah, war dem Tagebuch des späteren Generalmajors Christoph Friedrich v. Bismarck zu entnehmen, das des Lobes für seine Brandenburger voll war.

In diesem Sinne waren auch die „10 Gebote für die Kriegsführung des deutschen Soldaten" der Wehrmacht verfaßt, deren erstes Gebot lautete: „Der deutsche Soldat kämpft ritterlich für den Sieg seines Volkes. Grausamkeiten und nutzlose Zerstörungen sind seiner unwürdig." In diesem Sinne schrieb

auch Generalleutnant a.D. Carl-Gero v. Ilsemann in seinem 1971 erschienenen Buch „Die Bundeswehr in der Demokratie" (9): „Die Tradition der Ritterlichkeit, im Zeitalter der Technik, der Massenvernichtungswaffen, des subversiven Kampfes, des ideologisch begründeten Hasses mit fanatischer Ausrottung des Gegners vielfach verlacht und in die Rumpelkammer romantischer Kriegsvorstellungen verbannt, hat dennoch weiterhin ihre Bedeutung. Sie gilt für den Soldaten der Bundeswehr nicht nur in seinem Verhältnis zur Frau und gegenüber denen, die er schützen soll, sondern sie muß ihm in Verbindung mit dem Völkerrecht für seine Einstellung zum wehrlosen Feind auch in einer Zeit, in der Völkermord und Massenvernichtungswaffen alle Dämme der Menschlichkeit und des mühsam seit hundert Jahren aufgebauten Völkerrechts zu zerbrechen scheinen, ein Erziehungsziel bleiben, für das es viele überlieferungswürdige Vorbilder gibt."
Die vorstehenden Ausführungen machen die Aktualität der Ritterlichkeit als eine Botschaft der Staatsmänner und Völker dieser Welt um der Zukunft willen eindrucksvoll deutlich! Auch in unserem eigenen Volk sollte der Umgang miteinander, in der Familie, zwischen den Generationen, in den Berufen, politischen Parteien, Verbänden, Institutionen wieder ritterlicher werden. Wir können es uns nicht leisten, „Ritter von der traurigen Gestalt" zu sein! Es gilt, als „Ritter ohne Furcht und Tadel" und im Sinne Albrecht Dürers als „Ritter gegen Tod und Teufel" keine Angst vor Widersachern zu haben, sondern mit Mut und gespitzter Feder im Anschlag den ritterlichen Gedanken im Geiste die Sporen zu geben und um der Zukunft willen eine Lanze für die Ritterlichkeit zu brechen.
Worauf es in der geistigen Auseinandersetzung um eine freiheitliche und ritterliche Zukunft ankommt, hat uns Friedrich Schiller in seinem Fragment „Deutsche Größe" schon richtungsweisend aufgezeigt! Es heißt darin:

Das ist nicht des Deutschen Größe,
obzusiegen mit dem Schwert.
In das Geisterreich zu dringen,
um Erhabenheit zu ringen,
Vorurteile zu besiegen,
männlich mit dem Wahn zu kriegen,
das ist seines Eifers wert!
Höhern Sieg hat er errungen,
der der Wahrheit Blitz geschwungen,
der die Geister selbst befreit.
Freiheit der Vernunft erfechten,
heißt für alle Völker rechten,
gilt für alle ew'ge Zeit!

Die ritterlichen Tugenden sind zur Verwirklichung im Leben auffordernde Ideale. Ihre Erfüllung ist unsere Aufgabe. Das Machtgefüge dieser Welt ist von solcher Struktur, daß Standhalten und nicht zorniger Angriff die letztentscheidende Probe eigentlicher Tapferkeit ist! Dabei ein Ritter sein und bleiben!

(6) Literaturhinweise und Anmerkungen

1. Vgl. Schlee, Emil: Ritter sein – um der Zukunft willen.
   Eine Lanze für die Tugend.
   Aufsätze und Vorträge. Preußisch Oldendorf 1996. Hier besonders: „Ein Ritter sein – damals und heute", S. 23–57.
2. Schlee, Emil: s. Anm. 1, hier: „Ritterakademien", S. 131–140.
   Um Gründungen in jener Zeit zu nennen: Tübingen (1589), Kassel (1599/1709), Kolberg (1653), Lüneburg (1655), Halle/Saale (1680), Wolfenbüttel (1687), Erlangen (1699), Brandenburg/Havel (1704), Berlin (1705), Liegnitz (1708), Ettal (1711), Hildburghausen (1714), Dresden (1725), Braunschweig (1745) und Wien (1746). Literatur hierüber siehe S. 138–140, 28 Literaturtitel.
3. Vgl. Borst, Arno (Hrsg.): Das Rittertum im Mittelalter. 2. Aufl. Wiss. Buchges., Darmstadt 1989. Auf folgende Beiträge in diesem Sammelband sei besonders hingewiesen: – Huizing, Johan: Die politische und militärische Bedeutung des Rittergedankens am Ausgang des Mittelalters (1921), S. 17–30. – Painter, Sidney: Die Ideen des Rittertums (1935), S. 31–46. – Ganshof, François Louis: Was ist das Rittertum? (1947), S. 130–141. – Wohlfeil, Rainer:

Riller – Söldnerführer – Offizier. Versuch eines Vergleichs (1966), S. 315–348. Vgl. Beumann, Helmut (Hrsg.): Heidenmission und Kreuzzugsgedanke in der deutschen Ostpolitik des Mittelalters, Wiss. Buchges., Darmstadt (1963). Insbesondere: Schumacher, Bruno: Die Idee der geistlichen Ritterorden im Mittelalter (1924), S. 364–385.

4. Vgl. Gabrieli, Francesco: Die Kreuzzüge aus arabischer Sicht. Aus den arabischen Quellen. Augsburg 2000. – Maalouf, Amin: Der Heilige Krieg der Barbaren. Die Kreuzzüge aus der Sicht der Araber. München 1996. – Lehmann, Johannes: Die Kreuzfahrer. Abenteurer Gottes. Bindlach 1991. – Pernoud, Régine: Die Kreuzzüge in Augenzeugenberichten. Düsseldorf 1961. – Zöllner, Walter: Geschichte der Kreuzzüge. Berlin 1990. – Rureciman, Steven: Geschichte der Kreuzzüge. München, 1989. – Prawer, Joshua: Die Welt der Kreuzfahrer, 2. Aufl. Wiesbaden 1976.
5. Vgl. Bleicken, Jochen: Cicero und die Ritter. Göttingen 1995. – Stein, Arthur: Der römische Ritterstand. Ein Beitrag zur Sozial- und Personengeschichte des römischen Reiches. München 1927. – Hackl, Ursula: Eques Romanus equo publico. Ein Beitrag zur Definition des römischen Ritterstandes während der Zeit der Republik. Konstanz 1989.
6. Vgl. Bartol, Wladimir: Alamut. Bergisch Gladbach 1992. – Lerch, Wolfgang Günther: Begierig nach Martyrium. Politik im Namen der schiitischen Imane. In: FAZ v. 27.07.1996.
7. Vgl. Goede, Wolfgang C.: Asiens Ritter: Samurai. Sie machten Japan zur modernen Wirtschaftsmacht. In: P.M.-Perspektive. Hamburg, Heft 4/1992, S. 84–89.
8. Huuke, Sigrid: Das Reich und das werdende Europa. Eine europäische Ethik. Kreuzau-Stockheim o.J., S. 107
9. Ilsemann, Carl-Gero von: Die Bundeswehr in der Demokratie. Zeit der Inneren Führung. Hamburg 1971, S. 72

Ritterlichkeit und Politik

„Es ist uns aufgegeben,
So zu werden,
Wie es als Auftrag
In uns angelegt.
Ein jeder Mensch
geht seinen Weg
Auf Erden.
Wie er ihn sucht
und seinen Sinn
Begreift,
Das hebt ihn über sich
hinaus
Ins Zeitenlose
oder stürzt
Ihn tief hinab
In das Verhängnis.
Bleib auf dem Weg,
mein junger Freund.
Der Kompaß
Hin zum Ziel
Sei stets
Dein Herz!"

Hans Bahrs

Auf diesem Lebensweg, der in uns angelegt, ist Ritterlichkeit das lobenswerteste Ergebnis einer auf Haltung und Verhalten gegenüber anderen Menschen als Bildung abzielenden Erziehung; hat die ebenfalls ethischen Normen unterliegende Politik die Aufgabe, die Beziehungen der Menschen, Völker und Staaten mit Herz und Verstand gerecht und vernünftig zu regeln, den ungestörten Lauf der Freiheit zu sichern und zum Ziel, eine sich auf Macht, Recht und Gerechtigkeit gründende Ordnung menschlichen und staatlichen Zusammenlebens zu verwirklichen.
Diese Gedanken hat um ca. 334 vor Christus schon Aristoteles in seinen mit Ethik und Politik sich befassenden Schriften, hier speziell in seiner „Politica", wie folgt zum Ausdruck gebracht: „Das beste und vollkommenste Leben, so für den einzelnen wie für die Staaten als Gemeinschaft, ist das Leben nach der Tugend"! Und bezüglich der sich auf „Macht, Recht und Gerechtigkeit" gründenden Ordnung menschlichen und staatlichen Zusammenlebens formulierte schon Thomas von Aquin (1124–1174) den zeitlos gültigen Satz: „Macht hat den Sinn, die Gerechtigkeit zu verwirklichen"!

(1) *Zur Fragestellung unserer Zeit*

An dieser Stelle könnte schon ein dem Zeitgeist verfallener Mitbürger den provozierenden Einwurf machen: Was haben für mich heute als Bürger, der sich im Aufbruch ins 21. Jahrhundert befindet, noch Hinweise auf das Mittelalter, auf die mittelalterlichen Ritterorden, deren Tugendkatalog, Ritterlichkeit, Politik, Staatspolitik und politische Ethik für eine praktische Bedeutung? Mich interessiert nicht mehr die Vergangenheit, sondern nur noch die Zukunft!

Mit einer solchen Fragestellung stehen wir mitten in der geistigen Auseinandersetzung unserer Zeit und sollten tatsächlich und ernsthaft erkennen, daß es sich um eine rein geistige Auseinandersetzung großen Umfangs und bedeutenden Einflusses auf die Gestaltung der Zukunft handelt. Hier stehen die traditionsreichen Ritterorden auf dem Prüfstand, gewissermaßen an vorderster Front, um den Sinn gelebter Tradition, die Bedeutung geschichtlicher Wahrheit, die Wahrung tugendstarker Ritterlichkeit, die Notwendigkeit ethischer Grundhaltungen in der Politik und hieraus entwickelt ein Leben in Freiheit und Frieden überzeugend zu vertreten.

(2) *Zur geistigen Auseinandersetzung*

Es kann den heutigen Ritterorden nicht gleichgültig sein, wie diese geistige Auseinandersetzung ausgeht! Wie ein solcher Kampf um eine freiheitliche Zukunft zu führen ist, hat uns Schiller schon in seinem Fragment „Deutsche Größe" vorgegeben, in dem er uns darauf hinweist:

> „Das ist nicht des Deutschen Größe,
> Obzusiegen mit dem Schwert.
> In das Geisterreich zu dringen,
> Um Erhabenheit zu ringen,
> Vorurteile zu besiegen,
> Männlich mit dem Wahn zu kriegen,

Das ist seines Eifers wert.
Hohem Sieg hat der errungen,
Der der Wahrheit Blitz geschwungen,
Der die Geister selbst befreit.
Freiheit der Vernunft erfechten,
Heißt für alle Völker rechten,
Gilt für alle ew'ge Zeit."

Wenn uns Deutschen auch in einem am 10. Mai 1958 in Tel Aviv veröffentlichten Bericht der militärgeschichtlichen Abteilung des israelischen Generalstabes über das Ergebnis einer weltweiten Um- und Rundfrage bei mehr als tausend Militärspezialisten bescheinigt wird, daß die deutschen Soldaten in beiden Weltkriegen dieses Jahrhunderts die besten, tapfersten, diszipliniertesten und damit ritterlichsten Soldaten der Welt waren, so müssen wir doch nach über 6 Jahrzehnten friedensvertragsloser Nachkriegszeit die Wahrheit Schillers anerkennen, daß „höhern Sieg hat der errungen, der der Wahrheit Blitz geschwungen, der die Geister selbst befreit", und daß mehr als das Blei in der Flinte das Blei im Setzkasten die Welt verändert hat!

Es gilt, im Kampf um die Ritterlichkeit, um die ritterlichen Tugenden im Leben und in der Politik, zu obsiegen und damit die Zukunft zu gewinnen! Daß sich an diesen geistigen Auseinandersetzungen auch die geschichtsträchtigen Ritterorden in unserer Zeit beteiligen sollten, ergibt sich aus ihrer Tradition. Sie sollten ihren Gedanken und Ideen die Sporen geben und mit gespitzter Feder in das Geisterreich dringen, um der Wahrheit Sieg zu erringen in traditioneller Ritterlichkeit! Denn es gehört unübersehbar zur verdienstvollen Tradition der Ritterorden, daß ihre Mitglieder nicht nur gläubige Christen, hilfreiche Samariter und tapfere Ritter waren, sondern sie hatten in ihren Reihen und Führungsgremien zudem ebenfalls hervorragende und anerkannte Diplomaten, Heer- und Staatsführer. Ritterorden waren nicht nur staatstragend, sondern auch staatsbildend, wie es die Ordensstaaten im Heiligen Land, in

Malta, in Preußen und anderen Gebieten ausweisen. Vergessen wir nicht, daß hierbei eine Elite entstand, die weniger ein Adel besonderen Blutes als ein Adel besonderer Verpflichtung und des Dienstes an der christlichen Gemeinschaft und später auch an Volk und Vaterland war. Die Ordensethik war eine staatstragende Kraft, die über Brandenburg-Preußen zur Gründung des Deutschen Reiches von 1871 führte. Ohne Tugenden ist kein Staat zu machen!

(3) Tradition und Gegenwart

Diese Seite der historischen Wirklichkeit in der langlebigen Existenz der Ritterorden gehört in die aus der Vergangenheit wiederzubelebende Tradition. Die stark im Vordergrund stehenden karitativen Tätigkeiten und Leistungen heutiger Ritterorden bedürfen aus der Tradition der Ritterorden und den zeitbedingten Herausforderungen vielfältiger Art in der Gegenwart einer Reaktivierung bildungspolitischer Aufgaben und staatspolitischer Handlungsfähigkeit zur Wiederherstellung der ganzen Bandbreite ordensritterlicher Verantwortungsfelder. Es ist nicht von der Hand zu weisen, daß sich bei pädagogischer Handhabung ordenstraditioneller Wirkungsfelder in der Öffentlichkeit eine gewisse Aufnahmebereitschaft für solche Bemühungen entwickelt hat. Einige Anmerkungen mögen das verdeutlichen.

- Auflösungserscheinungen in unserer Zeit -

(l) Wir Menschen leben heute in einer auffällig formloser werdenden Welt und Zeit. Wir erleben Auflösungserscheinungen der Ehe und Familie, der Sitten und Traditionen, des Rechts und der Ordnungen, des Staates und der Kirchen. Mit dem Einsetzen des Zerfalls dieser Ordnungen und Formen geht auch ein zunehmender Verlust der Würde des Menschen einher. Für uns Deutsche hat die immer noch offene „deutsche Frage" besonders verhängnisvolle Auswirkungen auf allen

Politikfeldern. Mit Sorge muß man feststellen, daß sich unser Volk dieser besonderen Lage gar nicht mehr bewußt wird. Der Mensch als Verursacher und Betroffener dieser Zerfallsentwicklung beginnt nachdenklicher zu werden und langsam wieder zu begreifen, daß Ehe und Familie, Schule und Kirche, Arbeit und Beruf, Verbände, Gemeinden, Staat, Volk, Heimat und Vaterland insgesamt Gemeinschafts- und Organisationsformen des Menschen für den Menschen sind, also Lebensformen, die ihm Halt und Sicherheit geben, zur Erziehung und Bildung sowie zur Persönlichkeitsentwicklung beitragen und den Menschen erst eigentlich zum verantwortungsbewußten Handeln befähigen. Mancher sehnt sich wieder nach dem „pädagogischen Nest" und dessen heilsamer „Nestwärme"!
Was alles fehlt, wenn diese „Nestwärme", die den Menschen von der Wiege bis zur Bahre umgebende Eltern- und Nächstenliebe, fehlt, geht aus einem trefflichen Wort indischer Philosophie, aus den Upanishaden hervor, das uns Hans Bahrs überliefert hat. Es heißt dort:

> „Pflicht ohne Liebe macht verdrießlich.
> Verantwortung ohne Liebe macht rücksichtslos.
> Gerechtigkeit ohne Liebe macht hart.
> Freundlichkeit ohne Liebe macht heuchlerisch.
> Klugheit ohne Liebe macht grausam.
> Ordnung ohne Liebe macht kleinlich.
> Ehre ohne Liebe macht hochmütig.
> Besitz ohne Liebe macht geizig.
> Glaube ohne Liebe macht fanatisch.
> Ein Leben ohne Liebe ist sinnlos.
> Doch ein Leben in Liebe ist Glück und Freude."

Inmitten dieses Kreises der den Menschen tragenden, prägenden, helfenden und mit Freundschaft, Kameradschaft und Treue umgebenden Kräfte gehören auch die Ritterorden und Ordensgemeinschaften unserer Zeit in der Vielfalt ihrer geistlichen und weltlichen Formen als Lebensbünde von Menschen, die sich freiwillig bestimmten Regeln unterwerfen, besondere Verpflichtungen übernehmen, sich hohe Ziele setzen und in Bruderschaft zueinander stehen. Sie folgen damit selbstlos dem Grundsatz Prinz Eugens: „Du darfst nicht für Dich, sondern mußt für eine große Idee leben"!

- Das Bedürfnis nach Ritterlichkeit damals und heute -

(2) „Ritterlichkeit im Leben und in der Politik" ist nicht etwa ein nur „akademisches Thema", das man in Geschichtsseminaren oder gelegentlich in interessierten „politischen Zirkeln" abhandelt, sondern es ist heute ein so allgemein interessierendes Thema, daß darüber täglich in allen Medien Abhandlungen angeboten werden könnten. Dieses Thema hat auch eine große politische Brisanz, weil die Menschen diese „Ritterlichkeit im Leben und in der Politik" täglich und allseits vermissen und dieses Fehlen auch noch täglich in allen Medien vielseitig vorgeführt bekommen. Zwar ist der Ritter im allgemeinen oder besonderen kaum noch ein anschaulicher Begriff, aber die Ritterlichkeit als Haltung und Verhalten gegenüber anderen Menschen ist immer noch ein hoher Wert. Jede Form der Höflichkeit, der Achtung und des Respektes, auch gegenüber Andersdenkenden, jede Art der Hilfsbereitschaft, der Anständigkeit, vor allem und insbesondere im Verhalten und Umgang mit Frauen, jede Form der Fairness bei Sport und Spiel und im Wettkampf sowie die sogenannte „politische Kultur" haben im Alltagsleben der Menschen einen Stellenwert, weil es alles Facetten der Ritterlichkeit und Spiegelungen der ritterlichen Tugenden sind. Ritterlichkeit setzt Maßstäbe, die zu allen Zeiten und in allen Teilen der Welt einen anerkannten Wert haben und behalten werden. Es gilt, das hohe Ziel der Ritterlichkeit stets anzustreben und tunlichst zu leben!

Die Ritterschaften unserer Zeit sollten sich immer wieder vergegenwärtigen: Was trotz Nachlassens der politischen Bedeu-

tung des allgemeinen Rittertums von diesem bis in die Gegenwart im Bewußtsein vieler Menschen geblieben ist, das ist das Ritterideal, die Form der Ritterlichkeit im Umgang der Menschen miteinander, das sind die ritterlichen Tugenden als Lebensgrundlage der Menschheit. Diese ritterlichen Tugenden sind und bleiben ein bedeutsames europäisches Kulturerbe und Kulturvermächtnis des Rittertums aus dem hohen und späten Mittelalter, das – und man kann es gar nicht einprägsam genug vermitteln – die gegenwärtigen Ritterorden in Pflege ihrer Tradition bis in unsere Zeit getragen haben. Es war nicht die Übereinstimmung in den Meinungen, sondern die Übereinstimmung im tugendhaften Verhalten in allen Handlungen! Hieraus entwickelt sich im Sinne Ciceros „Ehre als der Tugend Lohn"! Es ist auch ein Zeichen aufrechter Standhaftigkeit, wenn durch die Jahrhunderte von Ritterschaft zu Ritterschaft Traditionen, Tugenden und die Ritterlichkeit durchgehalten und in die Gegenwart durchgetragen wurden. Sucht man dafür nach einer Erklärung, kann man mit Kant sagen: „Tugend ist moralische Stärke in Befolgung seiner Pflicht, die niemals zur Gewohnheit werden, sondern immer ganz neu und ursprünglich aus der Denkungsart hervorgehen soll."
Und wir erinnern gerade in unserer schwankenden Zeit gern an den Appell des Apostel Paulus an die Römer: „Paßt Euch dieser Welt nicht an, sondern gestaltet Euch um durch Erneuerung der Gesinnung, damit Ihr prüft, was der Wille Gottes ist, nämlich das Gute, Wohlgefällige und Vollkommene"! Auch die Ritterorden insgesamt sollten sich ihrer Gemeinsamkeit der Herkunft, der Tugenden, der Ziele mehr bewußt werden, um gegebenenfalls geschlossen handeln zu können. Es wird dies zur Verpflichtung um der heutigen Menschen willen, mit denen wir und künftige Generationen überleben und zusammenleben wollen. Das Zusammenleben der Völker in Europa kann sich nur dann positiv entwickeln, wenn die vergessenen Werte der Ritterlichkeit, der ritterlichen Tugenden der Ehre, der Wahrhaftigkeit, der Treue, der Beständigkeit und des Maß-

haltens Eingang in weite Bevölkerungsteile finden. Diese geistigen Werte vorbildlich zu verlebendigen und zu verkünden, bleibt eine wichtige Aufgabe aller Ritterorden unserer Zeit.

- Die Bedeutung des Mittelalters für die Gegenwart -

(3) Um auf den eingangs fiktiv gesetzten Einwurf eines Zeitgeistjünglings, er könnte mit dem Mittelalter und überhaupt mit der Vergangenheit nichts anfangen, ihn interessiere nur die Zukunft, Denkanstoß gebend einzugehen, muß man gerechterweise darauf hinweisen, daß das heutige Europa der politischen und kulturellen Vielfalt sich im Mittelalter vorgeformt und entwickelt hat; daß dieses Mittelalter gerade durch die Kraft des Glaubens in jener Zeit unsere heutige Welt entscheidend mitgeprägt hat und sich heute sichtbar und wörtlich wieder „abzubauen" in Gefahr steht – damals baute man z.B. in die „Transzendenz" reichende Gotteshäuser und Dome, heute begnügt man sich zum Teil schon mit „Flachbauten"; daß Bildung und Wissenschaft in den damals institutionalisierten Universitäten zu einem starken und tragenden Strukturelement des heutigen Europas geworden sind, daß die im Mittelalter entstandenen Städte (im deutschen Sprachraum damals 80% aller heutigen Städte) als Rechtsform der Freiheit („Stadtluft macht frei") und Kraftzentrum wichtiger Entwicklungen in der Gegenwart ebenfalls unentbehrlich sind. Diese Zeit war auch der Humusboden für die Ritterorden und ihre Burgen in der Kreuzzugsperiode und danach und der Wurzelboden für die in dieser Tradition noch weiterwirkenden Ritterorden unserer Tage. Ähnliches gilt ebenso für den Adel, dem das Rittertum für nachfolgende Epochen die Ehre als Mittelpunkt seiner geistigen und sozialen Welt zu betrachten lehrte, als ein Gut, kostbarer als das Leben! Wir können zudem auf die Entstehung studentischer Verbindungen, der Landsmannschaften und auch der Zünfte verweisen. Was wären wir heute, so könnte man sagen, ohne die konstruktiven Ideen und zeitlos gültigen Ideale aus dem Mittelalter, die in ihrer

Fortentwicklung und Ausbreitung zu wichtigen und tragenden Elementen des heutigen und möglicherweise auch zukünftigen Lebens geworden sind. Das ist sicherlich vielen geschichtslosen und dadurch „gesichtslosen" Zeitgenossen nicht mehr bewußt! Ihnen ist in unserer Gegenwart Geschichte bewußt „abgewöhnt" und zum Teil auch verfälscht worden, was sie – ohne es wissen zu können – außerstande setzt, einen konstruktiven Gedanken für die Zukunft fassen zu können. Wer sich nur für die Zukunft interessiert, ahnt gar nicht, daß die Zukunft ihm nichts bringen kann, sondern daß er selbst es sein muß, ihr aus geschichtlicher Kenntnis und aus erlebter Erfahrung alles geben zu müssen, um eine sichere Zukunft haben zu können, denn sonst bestimmen ohne sein Zutun andere seine Zukunft, was auch wohl Sinn und Zweck solcher Manipulationen in der Gegenwart sein mögen. Wohl nicht ohne Grund hat die schon mit 34 Jahren verstorbene jüdische, französische Philosophieprofessorin Simone Weil geäußert: „Einen Gegensatz zu schaffen zwischen Zukunft und Vergangenheit ist sinnlos. Die Zukunft bringt uns nichts, sie gibt uns nichts; wir sind es, die ihr alles geben müssen, um sie zu bauen. Aber zum Geben muß man besitzen, und wir besitzen kein anderes Leben, keine andere Kraft als die Schätze der Vergangenheit, die wir lenken, assimilieren und neu schaffen müssen. Die Liebe zur Vergangenheit hat nichts mit reaktionärer Politik zu tun. Die Zerstörung der Vergangenheit ist vielleicht das größte aller Verbrechen"! Hoffen wir, daß den Geschichtsuninteressierten bei solchen Argumenten das Desinteresse vergeht, und den Manipulateuren bewußt wird, daß wir wissen, was sie tun und anrichten wollen!

- Aus der Geschichte lernen -

(4) Es mag inzwischen erkannt worden sein, welche große Bedeutung Geschichte, Geschichtskenntnisse und Geschichtsbewußtsein für die menschliche Entwicklung zur Persönlichkeit und die daraus hervorgehende Ritterlichkeit als Lebensstil

haben. Schon Goethe mißbilligte in seinem „Buch des Unmuts" in „West-östlicher Diwan" allgemeine Geschichtslosigkeit mit den bekannten Worten: „Wer nicht von drei tausend Jahren sich weiß Rechenschaft zu geben, bleibt im Dunkeln unerfahren, mag von Tag zu Tage leben"! Und genau dieses darf sich der Ordensritter zu keiner Zeit leisten!
„Geschichte ist die geistige Form, in der sich ein Volk über seine Vergangenheit Rechenschaft gibt, um seine Zukunft zu gewinnen" (A.J. Toynbee). Sie ist „das politische Gedächtnis eines Volkes" (K. Hornung); nicht nur „Kunde vom Vergangenen", sondern hilfreiche „Vergegenwärtigung des Gewesenen" (G. v. Rauch). Geschichte ist ebenso Weg und Mittel zum Auffinden, Aufklären, Verteidigen und Durchsetzen der Wahrheit. Und Politik ohne Geschichte, ohne Geschichtskenntnisse und ohne Geschichtsbewußtsein ist wie ein Baum ohne Wurzeln. In Niedersachsen könnte man sagen: Durch ein fundiertes und umfassendes Geschichtsbewußtsein wird ein Politiker erst „sturmfest", weil „erdverwachsen" und „volksverbunden"! Dabei ist die Wertschätzung des Alten und Ehrwürdigen eine gute Frucht geschichtlicher Betrachtungen, ästhetischer Empfindungen und ritterlicher Haltungen, die aus der Traditionspflege und der Heimatliebe erwachsen, sich auch auf Kulturgüter, Sprache und Dichtung erstrecken und – wie normalerweise auch in der Politik – den Menschen im Mittelpunkt haben.

(4) Ritterlichkeit und Politik

„Ritterlichkeit" als umfassender Ausdruck vorbildlich gelebter Tugenden, sichtbar in der aufrechten, ehrlichen, freundlichen und hilfsbereiten Haltung im Umgang mit anderen Menschen im Leben und in der Politik, bleibt ein immer zu verwirklichendes Ideal.
Auch **„Politik"** ist ein umfassender Begriff und wird fälschlicherweise von vielen Menschen als auf „Parteipolitik" eingeengt verstanden! Dabei könnten wir alle Probleme mit dem

Begriff „Politik" verbinden wie z.B. Arbeitspolitik, Bildungspolitik, Corpspolitik, Deutschlandpolitik, Energiepolitik, Frauenpolitik bis zur Ordenspolitik, Ritterpolitik oder Zukunftspolitik! Es gibt in diesem Sinne nichts „Unpolitisches" – und in allem erwartet man Ritterlichkeit im Umgang miteinander und in der Sache! Und Politik ist im Sinne Bismarcks „die Kunst des Möglichen", nach Jaspers „die Leidenschaft für das Nüchterne", nach Kant „pragmatisches Handeln zu sittlichen Zwecken", nach Weber „das Bohren harter Bretter mit Kraft und Ausdauer"! Politik ist aber keinesfalls ein „schmutziges Geschäft", wie manche es oberflächlich sehen, sondern für uns alle eine lebens- und überlebensnotwendige Aufgabe! Aber sollten „schmutzige Finger" darin festgestellt werden, gehören diese in einer geistig-moralisch gesunden, also im Sinne der Ritterlichkeit funktionierenden Demokratie schnellstens herausgewählt und aus dem Verkehr gezogen!
Als Mönch kann man sich in seine Klause zurückziehen oder als Nichtwähler zuhause bleiben, damit den anderen die Entscheidung über unser Schicksal überlassend, und das entweder aus Gleichgültigkeit oder auch aus Ohnmacht! Als Ordensritter stehen wir unausweichlich in der Welt des Politischen, um der Ritterlichkeit in allen Politikbereichen oder, mit dem Vokabular der Politiker, der „politischen Kultur" zum Erfolg zu verhelfen! Im Geiste des Apostels Paulus lautet der Appell an uns: „Verkünde das Wort, tritt dafür ein, ob man es hören will oder nicht!" Es gilt also, den ritterlichen Tugenden, der Ritterlichkeit „im Leben und in der Politik" mutig und standhaft das Wort zu reden! Papst Johannes Paul II. folgte diesem Appell in seiner Moral-Enzyklika „Veritatis splendor" („Glanz der Wahrheit"), in der er die Notwendigkeit moralischen Handelns in Politik, Wirtschaft und im Leben betont! Er sagte in einer Passage: „Nur im Gehorsam gegenüber den universalen sittlichen Normen findet der Mensch eine volle Bestätigung der Einzigartigkeit seiner Person und die Möglichkeit wirklichen sittlichen Wachstums!" Das Geistige muß

gegenüber allem Materiellen wieder die Oberhand, den Vorrang gewinnen!
Die allgemeinen Forderungen und Appelle nach „ritterlichen Tugenden", nach „Preußischen Tugenden", nach der „Notwendigkeit moralischen Handelns in Politik, Wirtschaft und im täglichen Leben", nach „Gehorsam gegenüber den universalen sittlichen Normen" oder die Interpretation von Politik durch Kant als „pragmatisches Handeln zu sittlichen Zwekken" sind identisch mit den Vorstellungen und Erwartungen der großen Mehrheit unseres Volkes. Nun kommt es darauf an, im Sinne Albert Schweitzers „die Wahrheit zu tun"! Denn der wesentliche Zusammenhang zwischen der Wahrheit, dem Guten und der Freiheit ist der modernen Kultur größtenteils abhanden gekommen. Freiheit bedeutet Zustand, Bewegung und Ziel zugleich, wie uns der Mensch Frage, Aufgabe und Antwort zugleich bleibt!
Die Geschichte ist uns Lehrbuch genug für Erwerb und Gebrauch der Freiheit, aber auch ihrer Gefährdung und Unterdrückung. Im Geiste der Freiheit müssen sich gemäß Tradition Ordensritter und Ritterorden der politischen Verantwortung stellen und der Ritterlichkeit im Leben und in der Politik zum durchschlagenden Erfolg verhelfen! Attacke, Attacke, Attacke – um „in das Geisterreich zu dringen, um Erhabenheit zu ringen, Vorurteile zu besiegen, männlich mit dem Wahn zu kriegen, das ist unseres Eifers wert". Denn „höhern Sieg hat der errungen, der der Wahrheit Blitz geschwungen, der die Geister selbst befreit. Freiheit der Vernunft erfechten, heißt für alle Völker rechten, gilt für alle ew'ge Zeit"! (Schiller)
Wir können es uns nicht leisten, „Ritter von der traurigen Gestalt" zu sein! Sondern hier gilt, als „Ritter ohne Furcht und Tadel" und im Sinne Albrecht Dürers als „Ritter gegen Tod und Teufel" keine Angst vor geharnischten Widersachern zu haben und mit gespitzter Feder im Anschlag unseren ritterlichen Gedanken die Sporen zu geben – und so, wie hier und heute, für die Ritterlichkeit im Leben und in der Politik „eine Lanze zu brechen"!

Epitaph des Ritters Götz von Berlichingen (gest. 1562)

Rittertum und Ritterlichkeit im täglichen Leben

Wir Menschen leben heute in einer auffällig formenloser werdenden Welt und Zeit. Wir erleben Auflösungserscheinungen der Ehe und Familie, der Sitten und Traditionen, des Rechts und der Ordnungen, des Staates und der Kirchen. Mit dem Einsetzen des Zerfalls dieser Formen geht auch ein zunehmender Verlust der Würde des Menschen einher. Der Mensch als Verursacher und Betroffener beginnt wegen dieser bedrohlichen Entwicklung wieder nachdenklicher zu werden und zu begreifen, daß Ehe und Familie, Schule und Kirche, Arbeit und Beruf, Parteien und Verbände, Gemeinde und Staat, Volk, Heimat und Vaterland insgesamt Gemeinschafts- und Organisationsformen des Menschen und als solche Lebensformen des Menschen für den Menschen im Dienste des Menschen sind, ihm Halt und Sicherheit geben, das pädagogische „Nest" zum Werden und Wachsen, zur Erziehung und Bildung des Menschen zum Menschen, zur Persönlichkeit darstellt und ihn zum verantwortungsbewußten Handeln erst eigentlich befähigt. Und inmitten dieses Kreises der den Menschen tragenden und prägenden Kräfte standen und stehen heute ebenso die zahlreicher werdenden Ordensgemeinschaften in der Vielfalt ihrer geistlichen und weltlichen Formen als Zusammenschlüsse von Menschen, die sich bestimmten Regeln unterwerfen, besondere Verpflichtungen übernehmen und sich hohe Ziele setzen! Dem Menschen kommt beim Gewahren der Auflösungserscheinungen seiner bewährten Lebensformen mehr und mehr in den Sinn, daß die Zerstörung dieser Lebensformen auch die Zerstörung der Menschheit und der Welt bedeuten und zur Folge haben kann!

Das hierüber Nachdenklicherwerden des beträchtlich verunsicherten Menschen unserer Tage zeigt sich heute im täglichen Leben und in der Politik in einer allgemeinen, zunehmenden geistigen und praktischen Verweigerungshaltung der Menschen. So zum Beispiel in der wachsenden Anzahl von Menschen, die ihre bisherige Mitgliedschaft in Parteien, Gewerkschaften und Kirchen aufkündigen und ihre Teilnahme an den demokratische Wahlen verweigern. Hier wird den Verantwortungsträgern und ihren Institutionen Versagen im Dienst am Menschen, mangelnde Glaubwürdigkeit, fehlende Leistungsbefähigung und -bereitschaft und unzureichende Vorbildshaltung signalisiert. Die Menschen spüren, daß sie bei fortschreitender Auflösung ihrer bewährten Lebensformen nicht nur halt- und kopfloser, sondern auch im Rahmen des Gesamtvorgangs führungsloser werden! Und – das sei an dieser Stelle gesagt – waren Krieg und Besetzung, Umerziehung und materielles Denken im Deutschland nach 1945 mit Anlaß zu dieser besorgniserregenden Entwicklung. Dem Menschen entglitt mit dem Schwinden seiner ihn tragenden Lebensformen weitgehend der feste Grund seines Lebens! Es scheint, daß aus geistigem Niedergang, moralischem Verfall, kultureller Not und politischer Verzweiflung neue Kräfte wachsen, die bereit und fähig sind, sich der Verantwortung zu stellen und einen geistig-moralisch-politischen Umbruch und Aufbruch vorbereiten und in die Wege leiten. Man ist erkennbar auf der Suche nach alten Werten und neuen Wegen, nach Altbewährtem und Zukunftsträchtigem!
Auf dem Hintergrund dieser kleinen Lageskizze wird vielleicht verständlich, warum Geschichte als Vergegenwärtigung des Vergangenen wieder an Interesse gewinnt, in den Vordergrund gelangt, sogar einen „historischen Revisionismus" entstehen läßt, der wiederum einen Historikerstreit auslöst, in dem es um Wahrheit geht. „Geschichte", so die zutreffende Definition von Arnold Toynbee, „ist die geistige Form, in der sich ein Volk über seine Vergangenheit Rechenschaft gibt, um

seine Zukunft zu gewinnen." Es gibt keinen Gegensatz zwischen Zukunft und Vergangenheit! Mit Simone Weil kann man wissen, daß die Zukunft uns nichts bringt, sie uns nichts gibt, sondern wir es sind und sein müssen, die ihr alles geben! Unser Leben und Leisten bestimmt die Zukunft; wenn wir versagen, bestimmen andere unsere Zukunft. Um aber alles geben zu können, muß man besitzen. Und wir besitzen kein anderes Leben, keine andere Kraft als die Schätze der Vergangenheit, die wir besser kennen, lenken, aufnehmen und neu schaffen müssen! Darum muß ein heutiger Verantwortungsträger global, weltgeschichtlich und ganzheitlich denken können, um auch verantwortungsvoll bewußt handeln zu können! So ist es wohl kein Zufall, daß gerade in unserer formenloser gewordenen Zeit heute bestehende Ritterorden mit ihren Traditionen und fordernden Regeln, Verpflichtungen und Zielen wieder Beachtung und Zuspruch gewinnen. Letztendlich auch deswegen, weil mit Begriff und Rolle des Ritters auch heute noch stets etwas Besonderes, Hervorragendes, Beispielhaftes verbunden wird, etwas, das es so heute nicht mehr gibt, das man gar vermißt, dessen Neubelebung in zeitgemäßer Form uns guttun würde!

Man besinnt sich und lernt wieder, daß das Rittertum Ausdruck der Gesamtheit der ritterlichen Kultur und Lebensformen im hohen und späten Mittelalter war, eine bedeutungsvolle abendländische Erscheinung, deren Vertreter sich am Leitbild des der Ehre verpflichteten, tüchtigen und wohlerzogenen Menschen orientierten, in ihrer ritterlichen Tugendlehre antike und christliche Ethik sowie germanischrechtliche Auffassungen vereinigten und als Ordensritter Menschen waren, die eigentumslos dem Dienste an den Armen und Kranken und der Ausbreitung des Reiches Gottes in der Welt lebten. Als Deutsche wissen wir, daß die Ausstrahlung dieser Ordensethik in der Gemeinschaft des Deutschen Ritterordens als tragende Kraft über Brandenburg-Preußen zur Gründung des Deutschen Reiches 1871 geführt hat. Das Ethos des Dienens, die Idee des Rechtsstaates, die Toleranz gegenüber Andersdenkenden und die Suche nach Wahrheit und deren Durchsetzung sind Werte und Aufgaben, die zeitlos gültig und gerade heute des unveränderten Einsatzes aller edlen Kräfte wert sind!

Es gibt daher auch einen nahtlosen Übergang von der ritterlichen Tugendlehre des Mittelalters zu den in unserer Zeit schon oft beschworenen „Preußischen Tugenden", die einst Preußen zum modernsten Staat des europäischen Kulturkreises gemacht haben. Erinnern wir uns: selbstloser Dienst für die Allgemeinheit, Unbestechlichkeit und Uneigennützigkeit, Treue und Verantwortungsbewußtsein, Schutz der persönlichen Freiheit und des Eigentums, Pflichterfüllung und Sparsamkeit, persönliche Bescheidenheit, Achtung vor dem Nächsten, Schutz der sozial Schwachen und der Minderheiten, Glaubens- und Gewissensfreiheit, Wahrung der Rechtsstaatlichkeit, Wehrbereitschaft, Sicherheit und Ordnung! Wir alle können uns vorstellen, welche heilsame Wirkung es haben würde, wenn diese Werte als Haltung für Bürger, Parlamentarier und Regierende verbindliche Regeln wären! Hierüber wird in vielen Kreisen in der Bundesrepublik Deutschland nachgedacht.

Während es in der Zeit der Entstehung der Ritterorden um den Geleitschutz der christlichen Pilger auf ihrem Weg in das Heilige Land ging, muß man wohl in unserer Zeit zu den zeitgemäßen Aufgaben eines modernen Ritterordens rechnen, den Menschen auf ihrem Wege in die ungewisse Zukunft „geistigen Geleitschutz" anzubieten! Die Ritterorden in unserer Zeit pflegen gesellschaftliche Verbindungen und widmen sich, oft auch in konfessionellen Einrichtungen, wohltätigen Aufgaben. Sie wenden sich kaum politischen Aufgaben zu, scheinen eine unausgesprochene Scheu vor politischen Aktivitäten zu haben! Dabei sind sie doch im eigentlichen Sinne überwiegend keine geistlichen Orden, sondern im Leben, in der Welt und in der geistigen Tradition der Ritter-

orden stehende Gemeinschaften, deren Bewährung im Frieden in dieser Welt liegt! Was früher die „Ritterrüstung" war, muß heute eine aufrechte, humane, ritterliche, mutige „geistige Rüstung" sein! Die „metallenen Waffen" früherer Zeiten müssen heute die mit Herz und Verstand geführten „geistigen Waffen" geworden sein! Die „Hospitäler für die Kranken und Verwundeten der Kreuzzüge" damaliger Art sollten heute die „Lehr- und Bildungsstätten" für die vielen „Geistig-Fußkranken" und „Seelisch-Verwundeten" unserer Zeit sein! Es gibt heute im ganzen Lande so viele Bildungsstätten, die zur Verfügung stehen können, und für entsprechende Bildungsarbeit im Sinne des „geistigen Geleitschutzes" auch gesetzlich geförderte Unterstützungsfinanzierung! Hier breitet sich ein weites Aufgabenfeld aus, das der moderne Ritterorden noch zu wenig erkannt und kaum bestellt hat! Und noch ein klärendes Wort: Im Bewußtsein der Menschen wird heute zumeist das Wort, der Begriff „Politik" mit dem Begriff „Parteipolitik" gleichgesetzt! Diese Verbindung ist grundfalsch! Politik ist ein umfassender Begriff, der sich mit vielen anderen Begriffen sinnvoll verbinden läßt! Machen Sie die Probe: Von der Arbeitspolitik über Deutschlandpolitik, Hochschulpolitik, Landespolitik, Ordenspolitik bis zur Zukunftspolitik sind alle Wortverbindungen möglich. „Parteipolitik" ist nur ein Sektor unter anderen Politik-Verbindungen!
Politik hat die Aufgabe, die Beziehungen der Menschen und Völker untereinander mit Herz, Maß und Verstand zu regeln. Politik ist, so sagt man, die Kunst des Möglichen, die Leidenschaft für das Nüchterne (Jaspers), ist pragmatisches Handeln zu sittlichen Zwecken (Kant), bedeutet das Bohren harter Bretter mit Kraft und Ausdauer (Weber) und ist keinesfalls ein „Schmutziges Geschäft", wie viele oberflächlich denken, sondern für uns alle eine lebens- und überlebensnotwendige „Aufgabe"! Und sollten „schmutzige Finger" darin festgestellt werden, gehören diese in einer geistig-moralisch gesunden und funktionierenden Demokratie herausgewählt!

Als Mönch können Sie sich in eine Klause zurückziehen, als Ordensritter stehen Sie in der Welt des Politischen und sind im Geiste des Apostels Paulus gefordert: „Verkünde das Wort, tritt dafür ein, ob man es hören will oder nicht!“ Es gilt, den ritterlichen Tugenden „im täglichen Leben und in der Politik“ das Wort zu reden! Diese Verpflichtung erfüllte auch Papst Johannes Paul II. mit der Moral-Enzyklika „Veritatis splendor“ („Glanz der Wahrheit“), in der er die Notwendigkeit moralischen Handelns in Politik, Wirtschaft und Gesellschaft betont! Und hierzu in einer anderen Passage die Feststellung: „Nur im Gehorsam gegenüber den universalen sittlichen Normen findet der Mensch eine volle Bestätigung der Einzigartigkeit seiner Person und die Möglichkeit wirklichen sittlichen Wachstums!“ Die Forderungen und Appelle nach „ritterlichen Tugenden“, nach „Preußischen Tugenden“, nach der „Notwendigkeit moralischen Handelns in Politik, Wirtschaft und Gesellschaft“, nach „Gehorsam gegenüber den universalen sittlichen Normen“ oder die Interpretation von Politik durch Kant als „pragmatisches Handeln zu sittlichen Zwecken“ sind identisch mit den Vorstellungen und Erwartungen der großen Mehrheit unserer Bevölkerung, die, in ihren Vorstellungen und Erwartungen enttäuscht, sich in der Konsequenz verweigern und in Wahljahren für alle Überraschungen gut sind !
Man kann sich den anläßlich einer Rezeptionsansprache am 4. Oktober 1991 im Dom zu Braunschweig vom Prior des Tempelherren-Ordens, Deutsches Priorat, Herrn Dr. Edmund Sawall, gemachten Darlegungen ganz anschließen, wenn er sagt: „Mehr denn je brauchen wir heute eine Ordnung, die unsere komplexe Welt, unser chaotisches Dasein regelt; braucht unsere Zeit feste Leitmotive, nach denen wir unser Leben ausrichten können; brauchen wir gerade heute das Pflichtbewußtsein und den Opfermut des einzelnen; brauchen wir die echte Gemeinschaft, die dem einzelnen geistige und seelische Heimat ist; brauchen wir heute schließlich das offene Bekenntnis; mehr denn je die Bereitschaft, für Werke und Idea-

le zu kämpfen. Solche Leitbilder aufzuzeigen, selbst Vorbild zu sein, das ist die Aufgabe der Ordensgemeinschaft! Eines jeden einzelnen!" Und im Geiste der Grundwerte des Standesethos des Rittertums, nämlich „mâze" („Selbstbescheidung"), „stæte" („Beständigkeit") und „milte" (auf Rache verzichtende Milde als Herrschertugend), oder auch im Sinne der Festigkeit in Grundsatzfragen in Verbindung mit „barmherzigem Verstehen", führt es zu sinnvollem Denken und Bedenken, die voller Innerlichkeit und Betroffenkeit von Hans Bahrs knapp und treffend formulierten Gedanken zu kennen: „Pflicht ohne Liebe macht verdrießlich. Verantwortung ohne Liebe macht rücksichtslos. Gerechtigkeit ohne Liebe macht hart. Freundlichkeit ohne Liebe macht heuchlerisch. Klugheit ohne Liebe macht grausam. Ordnung ohne Liebe macht kleinlich. Ehre ohne Liebe macht hochmütig. Besitz ohne Liebe macht geizig. Glaube ohne Liebe macht fanatisch. Ein Leben ohne Liebe ist sinnlos. Doch ein Leben in Liebe ist Glück und Freude!"
Wie können diese appellhaften Worte, wie können „Rittertum und Ritterlichkeit im täglichen Leben und in der Politik" verwirklicht werden? Hören wir einen ersten Hinweis von Goethe durch Faust:

„Geschrieben steht: ‚Im Anfang war das Wort!'
Hier stock' ich schon! Wer hilft mir weiter fort?
Ich kann das Wort so hoch unmöglich schätzen,
Ich muß es anders übersetzen,
Wenn ich vom Geiste recht erleuchtet bin.

Geschrieben steht: Im Anfang war der Sinn.
Bedenke wohl die erste Zeile,
Daß deine Feder sich nicht übereile!
Ist es der Sinn, der alles wirkt und schafft?
Es sollte stehn: Am Anfang war die Kraft!

Doch auch, indem ich dieses niederschreibe,
Schon warnt mich was, daß ich dabei nicht bleibe.

Mir hilft der Geist! Auf einmal seh' ich Rat
Und schreibe getrost: Im Anfang war die Tat!"

In unübertroffener Weise hat Albert Schweitzer diese Erkenntnis als Aufforderung in den Satz gegossen: „Die Wahrheit muß getan werden!"
Doch wer ist dazu noch bereit? Wer erfährt noch die Wahrheit? Und bedeutet dann das Wort Konfutses: „Wenn die Worte nicht stimmen, können die Werke nicht gelingen", daß die Wahrheit nicht getan werden kann?! Ist das auch die Sorge von Papst Johannes Paul II. in der Moral-Enzyklika, ausgedrückt in dem Satz: „Der wesentliche Zusammenhang zwischen der Wahrheit, dem Guten und der Freiheit ist der modernen Kultur größtenteils abhanden gekommen!"
Die Wahrheit muß getan werden. Und niemand kann sie auf Dauer verdrängen!
Gut und Böse sind Vokabeln, die erst im Bereich des Transzendenten ihre absolute Bedeutung bekommen. Wer nicht mehr an das Ewige glaubt, der kennt nicht mehr Gut und Böse, sondern nur noch Nutzen und Schaden! Die Krise unserer Zeit läßt sich langfristig nur lösen, wenn das Geistige wieder über dem Materiellen steht!
Freiheit bedeutet Zustand, Bewegung und Ziel zugleich, so wie uns der Mensch Frage, Aufgabe und Antwort zugleich ist! Die Geschichte ist uns Lehrbuch für Erwerb und Gebrauch von Freiheit, aber auch ihrer Gefährdung und Unterdrückung. Freiheit ist ein hohes Gut, fordert von uns Menschen den Einsatz aller charakterlichen Kräfte, bedeutet nicht Willkür, Schrankenlosigkeit, Selbstsucht oder Bequemlichkeit, sondern die Anerkennung der Freiheit des anderen, Achtung vor dem Gesetz, Ausrichtung nach dem Gewissen, Überwindung von Feigheit und Angst, Qual eigenständiger

Entscheidung, ungeteilte Verantwortlichkeit, aktives Handeln nach sittlichen Maßstäben und die ständige Bereitschaft, das Gut der Freiheit zu verteidigen und Opfer dafür zu bringen! Freiheit und Charakterstärke sind mit der Würde des Menschen untrennbar verbunden. Freiheit würdig vorzuleben und durch Tun zu überzeugen, ist ein wichtiger Weg zur Einführung der Ritterlichkeit im täglichen Leben und in der Politik. Im Geiste dieser Freiheit muß sich auch der Ritter dieser Zeit der politischen Verantwortung stellen und „geistigen Geleitschutz" garantieren! Er muß dem Grundsatz Prinz Eugens folgen: „Du darfst nicht für Dich, sondern mußt für eine große Idee leben!"

Sieg oder Unsieg ruht in Gottes Hand! Der Ehre sind wir selber Herr und König!

Georg Sluyterman v. Langeweyde

Rittertum und Ritterlichkeit mit Zukunft

Eine kleine Vorbemerkung

Gelegentlich wird der Verfasser gefragt, woher er glaubt wissen zu können, daß das Rittertum noch eine große Zukunft haben wird. Die meist überraschende Antwort lautet dann: Aus der Geschichte! Überraschend, weil die Gegenwartsmenschen mit dem Begriff „Geschichte" meist nur die Vorstellung von Vergangenem verbinden, weil ihnen ein ganzheitliches Denken noch nicht vermittelt wurde.

Die Ganzheit der Welt und des Lebens erfordert zur Erfassung derselben notwendigerweise auch ein ganzheitliches Denken. In diesem Sinne ist die Forderung des Futurologen Ossip K. Flechtheim zu verstehen: *„In der Krise unserer Tage muß der moderne Mensch gleichzeitig mit der Vergangenheit, der Gegenwart und der Zukunft leben und fertig werden. Er kann die Vergangenheit mit ihren Einwirkungen auf Gegenwart und Zukunft nicht einfach ausklammern. Um die Probleme der Gegenwart und Zukunft zu lösen, müssen wir die Vergangenheit, Gegenwart und Zukunft meistern. So gesehen, ist die Zukunft nicht nur abstrakt-unverbindliche Vorwegnahme dessen, was später einmal sein wird, sondern auch schon eine praktische Herausforderung, der wir uns hier und heute zu stellen haben."*(1)

Der Naturwissenschaftler Albert Einstein stellt hierzu lapidar fest: „Für uns gläubige Physiker hat die Scheidung zwischen Vergangenheit, Gegenwart und Zukunft nur die Bedeutung einer wenn auch hartnäckigen Illusion."(2)

Aber auch der Dominikaner, Philosoph und Naturwissenschaftler Giordano Bruno (1548 – 1600) hatte diese Grunderkenntnis bereits gewonnen, denn ihm war bewußt, daß es eine „Einheit"gibt, welche sich über den gesamten Kosmos erstreckt, ihn sozusagen überhaupt erst begründet; eine Einheit, die ewig und grenzenlos ist. Aus dieser Sicht spielen die gedachten Schranken

von Zeit und Raum, Leben oder Tod überhaupt keine Rolle mehr, sind Vergangenheit, Gegenwart und Zukunft nicht voneinander getrennt, sondern lediglich Veränderungen der einzigen Substanz, also verschiedene „Innendimensionen" der ewigen Einheit. Ein besonders bildhafter Satz Giordano Brunos lautet: „Natur ist Gott in den Dingen!" (3)
Ein Gedanke, den auch die Forschungsergebnisse des französischen Physikers Jean E. Charon, vorgestellt in seinem Buch „Der Geist der Materie" (Wien/Hamburg 1979), hervorgebracht haben. Für J. E. Charon ist Naturgeschichte immer auch Geistesgeschichte, wurzelt unser Ich in bis zu den Anfängen des Universums reichenden Vergangenheiten und hat eine „Ewigkeit" vor sich. Und, so müssen wir mitdenkend richtigstellen, gibt es auch kein „Ende der Geschichte" (München 1992), wie Francis Fukuyama es meinte, sondern eine Geschichte von Ewigkeit zu Ewigkeit. Der Geist des Menschen reicht über Raum und Zeit hinaus in eine andere Welt. Wir müssen den Reichtum unserer Fähigkeiten in ihrer ganzen Vielfalt begreifen und zu verwirklichen lernen. Bereits der Meister und Vorsteher der Hospitaliter und Gründer des Johanniterordens, Frà Gerard (Bruder Gerhard, gest. 1120), hatte ein „Zukunftswissen" und wußte, warum die Ideale und Aufgaben eines Ritterordens unvergänglich sind: *„Unsere Bruderschaft wird unvergänglich sein, weil der Boden, in dem die Pflanze wurzelt, das Elend dieser Welt ist, und weil, so Gott will, es immer Menschen geben wird, die daran arbeiten wollen, dieses Leid geringer, dieses Elend erträglicher zu machen!"* Ist das Elend in der heutigen Welt nicht immer noch unerträglich und ein helfendes, heilendes Rittertum unentbehrlicher denn je?!
Selbst nach den beiden Weltkriegen im vorigen Jahrhundert, in denen über 55 Millionen Menschen ihr Leben, Heimat, Hab und Gut, Familie und Freunde, Hoffnung und Glauben verloren, hat sich dieses Umbringen und Zerstören seit 1945 bis hinein in das neue Jahrhundert und Jahrtausend in mehr als weiteren zweihundert Kriegen in aller Welt mit allen Folgen fortgesetzt, ohne

daß ein Ende abzusehen wäre. Es kursiert der Verdacht, daß hier irrsinnigerweise „ewiger Krieg für ewigen Frieden" geführt werden soll. Müßten nicht bei einer solchen Verwirrung der Menschen, Völker und Staatenführer in Deutschland, Europa und in der Welt die Glocken der Klöster, Kirchen, Schlösser, Burgen und Rathäuser Sturm läuten, um Wahnsinn und weiteres Unheil abzuwenden?! Wir spüren in großen Zusammenhängen das allmähliche Entschwinden einer geistlich-geistigen und kulturellen Werte- und Weltordnung, die durch eine sogenannte „Moderne Eine Welt", deren Halt- und Gehaltlosigkeit schon jetzt erkennbar wird, ersetzt werden soll! Das Wörtchen „soll" ist mit Bedacht gewählt, weil im schleichenden Veränderungsprozeß mehr Lenkung als Zufall oder Notwendigkeit wahrzunehmen sind.

Aus der Welt der Tradition, aus der die Ordensritterschaft Kenntnis vom sakralen Geistesleben der Antike und der Glaubenswelt des Mittelalters hat, weiß diese Ordensritterschaft um die zentrale Bedeutung transzendenter Werte, an denen sie jetzt schon die Seichtheit und Oberflächlichkeit und die den Menschen entwertende und entwurzelnde Tendenz der sogenannten „Modernen Einen Welt" erkennen und messen kann. Offensichtlich an der zentralen Bedeutung der Familie als Urzelle aller menschlichen Gemeinschaften und an der natürlichen Vielfalt der Völker als arteigene Facetten im Schöpfungsplan Gottes.

Zur Vielfalt der Völker stellt Alexander Solschenizyn überzeugend fest: *„In letzter Zeit ist es Mode geworden, über die Nivellierung der Nationen zu reden, über das Verschwinden der Völker im Kochtopf der modernen Zivilisation. Ich bin ganz und gar nicht dieser Meinung. … Eine Nivellierung der Nationen wäre um nichts besser als die Gleichmacherei der Menschen: ein Charakter, ein Gesicht. Die Nationen bedeuten den Reichtum der Menschheit, die Gesamtheit verschiedener Persönlichkeiten; selbst die geringste Nation trägt eine besondere Farbe, birgt eine eigene Facette des göttlichen Entwurfs in sich."*

Die Familie hat im Schöpfungsplan Gottes ihren besonderen

Platz. Sie ist Urzelle aller menschlichen Gemeinschaften. Sie ist Ursprung, Nest, Hort und Wiege der Menschen. Stämme, Völker und Staaten. Sie ist nach wissenschaftlicher Erkenntnis als Leit-, Macht- und Schutzsystem der Menschen mindestens 100.000 Jahre älter als der Staat. Der beste Staat kann nicht mehr sein als ein sinngemäßes Spiegelbild einer gesunden Familie. Die Familie ist als Keimzelle des Lebens und des Volkes auch das Fundament der gesamten kulturellen und zivilisatorischen Entwicklung der Menschheit. Die Schemaskizze (siehe S. 179) kann einen ersten Überblick in die Verflochtenheit des Menschen in Familie, Volk, Staat und Welt vermitteln. Wenn die Familie zerfällt, beginnt das Sterben des Volkes und der Untergang des Staates. Das ist ein Naturgesetz, das die Geschichte der Menschheit durch die Jahrhunderte und Jahrtausende immer wieder bestätigt hat.
Die Ordensritterschaften sind aufgerufen, dieser Gefahr der Selbstzerstörung der Menschheit Einhalt zu gebieten und die Struktur ihrer Ritterorden so auszugestalten, daß sie geistige Rettungsinseln, Fluchtburgen und Hoffnungsträger für Hilfe und Unterstützung suchende Menschen und geistige Widerstandsfestungen gegen satanische Flutwellen sein können. Es gilt, Ritter zu sein, um der Zukunft willen. Es war und ist und so auch zukünftig der Geist, der seine Welt sich baut und formt, es sind die Ideen, die Geschichte machen und in die Zukunft wirken, und es sind die Menschen, die sie entschieden verfechten und für sie zu sterben bereit sind, weil sie nachempfinden und verstanden haben, was Prinz Eugen der Nachwelt vorbildlich und appellhaft als Rat hinterlassen hat: *„Du darfst nicht für Dich, sondern mußt für eine große Idee leben!"* Diese große Idee – hier die Ritterlichkeit gegenüber allen Menschen und in allen Lebenslagen – fand im Mittelalter zu Beginn der Kreuzzugsepoche in den geistlichen Ritterorden, die aus der Verbindung von Mönchtum und Rittertum entstanden, eine wirkungs- und kraftvolle Verkörperung. Mit der im Menschen angelegten und immer wieder von Geschlecht zu Geschlecht neu zu weckenden Idee

und vorzulebendem Ideal der Ritterlichkeit konnte diese ethisch hochwertige Tugend in den Ritterorden die Jahrhunderte überdauern und ihre Aktualität in unserer verwirrten Zeit und Welt wahren.

Heute sind die großen traditionellen Ritterorden weltweit überwiegend karitativ tätig und haben alle Hände voll zu tun. Es ist sicherlich kein Zufall, daß in unserer formenloser gewordenen Zeit bestehende Ritterorden mit ihren Traditionen, fordernden Regeln, verpflichtenden Tugenden, großen Zielen und vielfältigen humanen Aufgaben wieder Zuspruch und Beachtung finden.

In bildhafter Sprache fordert der Heilige Paulus in einem Apostelbrief die Epheser auf, seid *„umgürtet an den Lenden mit der Wahrheit, bekleidet mit dem Panzer der Gerechtigkeit, beschützt an euren Füßen mit der Bereitschaft für das Evangelium des Friedens"*, dem *„Schild des Glaubens"* und dem *„Schwert des Geistes, das heißt, das Wort Gottes"*.

Die Umstellung der Malteser auf die Gegenwart zeigt ihr Hospitaldienst Austria in Wien mit den Worten an: *„Die Festungen des Ordens sind heute die eigenen Krankenhäuser, die berühmte Flotte des Ordens ist seiner heutigen Flotte von Krankenwagen, die militärischen Ritter von einst sind den ritterlichen Kämpfern gegen das Elend in dieser Welt, die Rüstungen sind den Krankenpflegerkleidungen gewichen."*

Für den Bildungssektor hat der Verfasser dieses Beitrages es einmal wie folgt formuliert: Während es in der Zeit der Entstehung der Kreuzritterorden um den Geleitschutz der christlichen Pilger auf ihrem Weg ins Heilige Land ging, muß man wohl in unserer Zeit zu den Aufgaben eines modernen Ritterordens rechnen, den Menschen auf ihrem Wege in die ungewisse Zukunft „geistigen Geleitschutz" anzubieten. Was früher die „Ritterrüstung" war, muß heute eine aufrechte, humane, ritterliche, mutige „geistige Rüstung" sein. Die „metallenen Waffen" früherer Zeiten müssen heute die mit Herz und Verstand geführten „geistigen Waffen" geworden sein. Die „Hospitäler für die Kranken und Verwunde-

ten der Kreuzzüge" damaliger Art sollten heute die „Lehr- und Bildungsstätten" für die vielen „Geistig-Fußkranken" und „seelisch Verwundeten" unserer Zeit sein. Es gibt im ganzen Land so viele Bildungseinrichtungen, die dafür zur Verfügung stehen.
Die Arena, auf der die Kämpfe um die Zukunft der Menschheit, der Völker und Staaten ausgefochten werden, muß eine geistige sein!

Eine Lanze für die Ritterlichkeit

Das Bemühen, für die Ritterlichkeit auch im 21. Jahrhundert „eine Lanze zu brechen", wird dadurch unterstützt, daß der Begriff und die Bedeutung der Ritterlichkeit im Bewußtsein der Menschen unserer Zeit durchaus gegenwärtig sind.
Viele Menschen verbinden zudem mit dem Begriff „Ritter" noch etwas Besonderes, Hervorragendes und Beispielhaftes, etwas, das es so heute eigentlich nicht mehr gibt, das man gar vermißt, dessen Neubelebung gerade in unserer Zeit sinnvoll wäre.
Denn das Rittertum hat in allen Zeiten sowohl geistig und ideell als auch praktisch und hilfreich mitgewirkt. Es hat auf die Entwicklung und Gestaltung des Völkerrechts, des Kriegsrechts und ebenso auf die militärischen Verhaltensformen in Krieg und Frieden kultivierend und zivilisierend konstruktiven Einfluß genommen. Auch in der allgemeinen Öffentlichkeit haben alle Formen der Höflichkeit, der Achtung, des Respekts, jede Art der Hilfsbereitschaft, der Anständigkeit, insbesondere gegenüber Frauen, jede Form der Fairneß bei Spiel und Sport sowie im Bereich der politischen Kultur im heutigen Alltagsleben der Menschen weiterhin einen hohen Stellenwert, denn sie sind alle Facetten der Ritterlichkeit und Spiegelungen ritterlicher Tugenden.
Ritterlichkeit ist wahrlich kein nur „akademisches Thema", sondern berührt den Menschen „von der Wiege bis zur Bahre". Man braucht nur daran zu denken, daß Kinder gerne mit Ritterfiguren spielen, Sandburgen und auch andere bauen, Ritter ihre Helden in Sagen, Abenteuerbüchern, in Comic-Serien und Breitwandfilmen sind, als Schüler über das Rittertum erfahren und

romantische Burgen besuchen – im Ergebnis ist für den Erwachsenen unserer Tage „ritterliches Benehmen" weder fremd noch antiquiert. Das galt ebenfalls für den Soldaten der Deutschen Wehrmacht, der im ersten Gebot der „10 Gebote für die Kriegsführung des deutschen Soldaten" zu verinnerlichen hatte: *„Der deutsche Soldat kämpft ritterlich für den Sieg seines Volkes. Grausamkeiten und nutzlose Zerstörung sind seiner unwürdig."*

In diesem Sinne schrieb auch Generalleutnant a. D. Carl-Gero von Ilsemann in seinem 1971 erschienenen Buch „Die Bundeswehr in der Demokratie" (Hamburg 1971, Seite 72): *„Die Tradition der Ritterlichkeit, im Zeitalter der Technik, der Massenvernichtungswaffen, des subversiven Kampfes, des ideologisch begründeten Hasses mit fanatischer Ausrottung des Gegners vielfach verlacht und in die Rumpelkammer romantischer Kriegsvorstellungen verbannt, hat dennoch weiterhin ihre Bedeutung. Sie gilt für den Soldaten der Bundeswehr nicht nur in seinem Verhältnis zur Frau und gegenüber denen, die er schützen soll, sondern sie muß ihm in Verbindung mit dem Völkerrecht für seine Einstellung zum wehrlosen Feind auch in einer Zeit, in der Völkermord und Massenvernichtungswaffen alle Dämme der Menschlichkeit und des mühsam seit hundert Jahren aufgebauten Völkerrechts zu zerbrechen scheinen, ein Erziehungsziel bleiben, für das es viele überlieferungswürdige Vorbilder gibt."*

Diese Ausführungen zur Ritterlichkeit sind Botschaft und Appell an Staatsmänner und Völker dieser Welt um der Zukunft willen.

Eine Lanze für die Tugend

Das abendländische Nachdenken über den sittlichen, kultivierten und gebildeten Menschen ließ Tugend-, Pflichten- und Gebotenlehren entstehen. Letztere meinen vornehmlich die zehn christlichen Gebote. Die antike Pflichtenlehre bezieht sich auf das Pauluswort, daß wir „züchtig und fromm leben sollen in dieser Welt".

Calvins „Pflichtenkreise" beschreiben Pflichten gegenüber Gott (fromm), Pflichten gegenüber den Nächsten (gerecht) und

Pflichten gegenüber uns selbst (züchtig). In der Ethik Ciceros (zwischen 46 – 44 v. Chr.) „Maßstäbe des Guten und Bösen" finden wir die Tugenden „Klugheit, Gerechtigkeit, Tapferkeit und Maß". Thomas von Aquin (1225 – 1274) ergänzte diese Kardinaltugenden in seiner Morallehre in der Fassung: „Klugheit, Gerechtigkeit, Tapferkeit, Maß, Glaube, Hoffnung, Liebe." Es läßt sich feststellen, daß die Kennzeichen des Ritterideals dem griechischen Bildungsideal (körperlich-geistige Vollkommenheit) ähnlich waren und einen Begriffskomplex umfassen, der ebenso im arabischen Orient gepflegt wurde wie auch an anderen Stellen in dieser Welt. Trotz aller Vielfalt der Formen im Mönchs- und Ritterordenswesen gab es eine Gemeinsamkeit: Den hohen Stand der Lebensregeln, Tugendlehren und Ehrenkodex. Daß die ritterlichen Tugenden in Verbindung mit den besonders in Frankreich entwickelten höfischen Formen trotz des Abklingens der politischen Bedeutung des Rittertums bis in unsere Gegenwart erzieherische Ideale und Vorbilder blieben, daß sie gewissermaßen ein bedeutendes Kulturerbe und Kulturvermächtnis darstellen, erklärt sich aus der Mächtigkeit erlebter und gelebter Ritterlichkeit. Es ist die Ritterlichkeit im Geiste, in der Gesinnung, die zu ritterlichem Verhalten, zu ritterlicher Haltung führt. Die im ritterlichen Verhalten lebendig werdenden Tugenden sind dem Menschen zu allen Zeiten vertrauter gewesen, als es ihnen möglicherweise bewußt geworden ist. Denn es sind ja Lebensregeln, Herausforderungen, Überlebensnotwendigkeiten, mit denen er ständig umzugehen hat.
Ob es sich um die zehn Gebote in der Heiligen Schrift, die Kardinaltugenden des Thomas von Aquin, um die ritterlichen Tugenden der Ordensritterschaft oder die preußischen Tugenden als Grundlagen eines geordneten und ordentlichen Lebens in Volk und Staat oder um die Grundrechte im Grundgesetz für die Bundesrepublik Deutschland mit dem Artikel 1, Absatz 1, Satz 1 handelt, der lautet: „Die Würde des Menschen ist unantastbar", stets befindet sich der Mensch im Spannungsfeld der ritterlichen Tugenden, die ihn zu einem menschlichen, sittlichen und ehren-

vollen Verhalten auffordern. Es sind Formen des Menschen für den Menschen, die ihm Schutz, Halt und Sicherheit geben. Zu den Trägern solcher sicherheitsgebenden Formen und Organisationen gehören ebenfalls die Ritterorden.
Der Grundbegriff aller lebendigen Sitte und höchstes Ritterideal ist die Ehre. Alles andere – Klugheit, Gerechtigkeit, Tapferkeit, Standhaftigkeit, Aufrichtigkeit, Charakterfestigkeit, Treue, Selbstbeherrschung, Maß, Zucht, Entschlossenheit und mehr – liegen darin eingeschlossen. Die Ehre verpflichtet zur Sittlichkeit, Humanität, Ritterlichkeit. Im Sinne Kants ist Tugend moralische Stärke im Befolgen der Pflicht! Das meint auch, daß ein Ritter sein Streben nach Ruhm und weltlicher Ehre grundsätzlich in den Dienst höherer Ziele stellt und im Denken stets den anderen Menschen mitdenkt.

Eine Lanze für die Gerechtigkeit

Wurzeln und Geltung der ethischen Normen liegen im Göttlichen. Schon bei den Griechen und später auch bei den römischen Juristen galt die Gerechtigkeit als die allumfassende, oberste aller Tugenden im Sinne: Gerechtigkeit ist nicht ein Teil der Tugend, sondern die ganze Tugend selbst. Es war der griechische Philosoph Aristoteles (384 – 322 v. Chr.), der uns hierfür Zeugnis gab:
„Das beste und vollkommenste Leben, so für den einzelnen wie für die Staaten als Gemeinschaft, ist das Leben nach der Tugend." (Aristoteles, Politik, Leipzig 1922, Seite 93.) Wie wahr, wenn Augustinus andererseits dazu die Bemerkung macht: „Wenn die Gerechtigkeit fehlt, was sind dann die Reiche anderes als große Räuberbanden?" Generell soll hier aber festgehalten werden, was der italienische Rechtsphilosoph Giorgio del Vecchio (1878 – 1970) zutreffend einwerfen kann: *„Für die Gerechtigkeit zu wirken und zu kämpfen, zu leiden und zu sterben haben zu jeder Zeit die erlauchtesten Geister keine Bedenken getragen; sie sind es, denen die Menschen Höchstes zu danken haben."*

Den entsprechenden politisch-moralischen Appell an die Herrscher der damaligen Welt hat Thomas von Aquin (1224 – 1274) in den zeitlos gültigen Satz gegossen: *„Macht hat den Sinn, die Gerechtigkeit zu verwirklichen."*

Als der erste Präsident der Vereinigten Staaten, George Washington, am 17. September 1796 nach zwei Amtsperioden seine Abschiedsbotschaft (Farewell Address) verkündete, mahnte auch er mit den Worten: *„Wahrt Ehrlichkeit und Gerechtigkeit gegenüber allen Nationen. Haltet Frieden und Eintracht mit allen. Religion und Anstand gebieten dieses Verhalten. Wie könnte es sein, daß eine gute Politik dies nicht ebenfalls gebietet? Den Satz, daß Anständigkeit immer die beste Politik ist, halte ich für ebenso anwendbar auf öffentliche wie auch auf private Angelegenheiten."*

Als Theodor Heuss am 12. September 1949 zum ersten Bundespräsidenten der Bundesrepublik Deutschland gewählt worden war, schloß er seine Ansprache mit den Worten: *„Im Bewußtsein meiner Verantwortung vor Gott trete ich dieses Amt an. Indem ich es übernehme, stelle ich dieses Amt und unsere gemeinsame Arbeit unter das Wort des Psalmisten (Sprüche Salomons 14,34): »Gerechtigkeit erhöht ein Volk!«"*

Auffallend, wie wenig alle diese Worte heute gelten. Und trotzdem gilt es, in der die Vergangenheit, Gegenwart und Zukunft zusammenschauenden ganzheitlichen Geschichtsbetrachtung zu erkennen, im Interesse der Gerechtigkeit und um der Zukunft willen auch die Einseitigkeit der Betrachtung der rund 200jährigen Kreuzzugsepoche zu durchbrechen, um im Sinne George Washingtons Ehrlichkeit und Gerechtigkeit gegenüber allen Nationen zu wahren, in Frieden und Eintracht mit ihnen leben zu können, zumal Religion und Anstand ein solches Verhalten auch gebieten! Es ist keine Frage, daß die Kreuzzüge hinsichtlich ihrer Durchführung, Gewaltanwendung und Zerstörung keine ehrbaren Zeugnisse der Ritterlichkeit darstellen. Diese Tatsachen wirken sich heute noch aus. Das läßt sich anhand umfänglicher Literatur aus arabischer Sicht, auch in Augenzeugenberichten, eindrucksvoll belegen und nachlesen. Hier nur wenige

Hinweise:

- Maalouf, Amin: Der Heilige Krieg der Barbaren. Die Kreuzzüge aus der Sicht der Araber, Eugen Diederichs Verlag, München 1996, 300 Seiten, Quellen, Zeittafel (ISBN 3-424-01250-0). Der 1949 in Beirut geborene Romancier schreibt ein gut recherchiertes Buch und macht darin die Ursachen für den jahrhundertelangen Konflikt zwischen Christentum und Islam deutlich. Die Kreuzzüge hinterließen ein Trauma im kollektiven Gedächtnis der muslimischen Welt und einen Bruch in den Beziehungen zwischen Europa und dem Orient. Dieses Bild spiegelt in fast allen arabischen Chroniken und Berichten aus der Zeit zwischen 1096 und 1291 wider, die der Autor säkular vorstellt.
- Gabrieli, Francesco: Die Kreuzzüge aus arabischer Sicht. Aus arabischen Quellen ausgewählt. Weltbild Verlag, Augsburg 2000; 464 Seiten (ISBN 3-8289-0371-1)
- Pernoud, Régine: Die Kreuzzüge in Augenzeugenberichten, Karl Rauch Verlag, Düsseldorf 1961, 368 Seiten.
- Henne am Rhyn, Otto: Die Kreuzzüge und die Kultur ihrer Zeit, Fourier Verlag, Wiesbaden 2003, 798 Seiten, zahlreiche Abbildungen (ISBN 3-932412-46-X).
- Lehmann, Johannes: Die Kreuzfahrer. Abenteurer Gottes, Bertelsmann Verlag, München 1976, 431 Seiten (ISBN 3-8112-0902-7)

Als im Jahre 1981 der türkische Attentäter Mahmet Ali Agca auf Papst Johannes Paul II. seinen Anschlag verübte, erklärte er begründend, er habe den Obersten Kriegsherrn der Kreuzritter töten wollen. Hier zeigt sich noch ein Trauma der Kreuzzüge selbst nach fast tausend Jahren.

Eine Lanze für die Ordensritter

Der große Rahmen der Tugenden, Regeln, Rechte, Pflichten und damit des sittlichen Lebens der Menschen untereinander und des Zusammenlebens der Völker miteinander nimmt uns alle in die Pflicht, will uns emporführen zu einem ehrenwerten Leben;

Es ist nicht ausreichend, wenn man meint: „Tugend ist Haltung, Kraft derer der Mensch geneigt ist, das Gute zu tun", weil es nicht um das bloße Sein- und Tunkönnen, sondern um die Verwirklichung im Sinne Albert Schweitzers geht: „Die Wahrheit muß getan werden!" Dann ist „Tugend die Kraft, durch welche ein Wesen mit der vollen, ihm eigenen Seinsgewalt seinen Werdedrang zu folgen vermag" (Thomas von Aquin), was auch meint: „Tugend ist zur Energie gewordene Vernunft" (Friedrich von Schlegel).
Man muß im Sinne der Pilger nur „auf dem Weg zu einem anderen Leben" bleiben und mit der Erfahrung des chinesischen Philosophen Lao-Tse wissen: *„Geht der Weg verloren, bleibt die Tugend; geht die Tugend verloren, bleibt die Ethik; geht die Ethik verloren, bleibt das Recht; geht das Recht verloren, bleibt die Sitte. Die Sitte ist aber nur die Außenseite der Ethik und bezeichnet den Anfang des Verfalls."*
Daß der Menschheit Weg, Tugend, Ethik, Recht und Sitte mehr oder weniger schon verloren gingen und auch der „Anfang des Verfalls" schon überschritten ist, kann weltweit nicht mehr übersehen werden.
Diese Lage macht deutlich, daß es nicht allein um den Tugendvorsatz, sondern um die Tugendverwirklichung geht. Und es reicht nicht aus, daß der einzelne Ritter oder Ritterorden als Verband für sich in abgeschiedener Exklusivität tugendverwirklichend lebt, sondern man muß sich schon als Kämpfer und Kampfverband begreifen, um in und mit eigener Überzeugung auch Mitmenschen zu überzeugen, daß ein Leben im Sinne der Tugend von überlebenswerter Bedeutung ist, daß der allen sichtbare Verfall nur durch einen Lebenswandel im Sinne gelebter Tugenden aufgefangen werden kann. Mit der Devise „Eine Lanze für die Tugend!" stünde auch der Ritterorden wieder ganz auf dem Boden seiner Tradition und als Hoffnungsträger in der Welt. Er wäre auf hartem Fels eine feste Burg, an der die Stürme des oberflächlichen Zeitgeistes und der zerstörerischen, materialistischen „Modernen Einen Welt" zerschellen würden.
Um solche Ziele zu erreichen, muß ein ausgewogenes Bindungs-

verhältnis von Ordensritter und Ritterorden entwickelt werden, denn Einigkeit von vielen vermag weit mehr als der stärkste Mann allein; dabei gilt es im Sinne von Paulus (Epheser 4.3) „die Einigkeit im Geiste zu halten", denn „was in sich einig ist, ist auch in sich stark!" Ein Denkanstoß von Gerhard Hauptmann.
Mit Blick auf die Zukunft muß sich der gegenwärtige Ordensritter stets dessen bewußt sein, daß das Rittertum Ausdruck der Gesamtheit der ritterlichen Kultur und Lebensformen im hohen und späten Mittelalter war, also eine bedeutungsvolle abendländische Erscheinung, deren Vertreter sich am Leitbild des der Ehre verpflichteten, tüchtigen und wohlerzogenen Menschen orientierten, in ihrer ritterlichen Tugendlehre antike und christliche Ethik sowie germanisch-rechtliche Auffassungen vereinigten und als Ordensritter Menschen waren, die eigentumslos dem Dienste an den Armen und Kranken und der Ausbreitung des Reiches Gottes in der Welt lebten. Als Deutscher weiß der Ordensritter zudem, daß die Kraft und Ausstrahlung dieser Ordensethik als tragendes Element über Brandenburg-Preußen zur Gründung des Deutschen Reiches im Jahre 1871 geführt hat. Das Ethos des Dienens, die Idee des Rechtsstaates, die Toleranz gegenüber Andersdenkenden und die Suche nach Wahrheit und deren Durchsetzung sind Werte und Aufgaben, die zeitlos gültig und gerade heute des unveränderten Einsatzes aller edlen Kräfte wert sind. Um in der durch die Zeiten gewandelten Gegenwart die Vielfalt und auch individuellen Anlagen der Ordensritter angemessen und der Wirkung wegen gebündelt einsetzen zu können, seien hier in aller Kürze wichtige Wesenzüge des Menschen noch einmal vorgestellt. Lebenslang bleibt uns der ganze Mensch in seiner Vielfalt in Einheit Frage, Aufgabe und Antwort zugleich. Im Ursprung seines Denkens und Tuns zeigt sich uns folgendes Menschenbild:

- Der Mensch ist ein ganzheitliches Wesen, das nicht „in Teilen", sondern aus seiner Ganzheit lebt.
- Der Mensch ist ein vitales, aus dem „Überfluß" naturhafter Kraft und Lebendigkeit existierendes Wesen mit einer Vielfalt

von Anlagen, die je nach Inanspruchnahme sich voll entfalten oder auch verkümmern können.

- Der Mensch ist ein dynamisches, zum Zwecke seiner Entwicklung und ganzheitlichen Entfaltung auf vielfältige und allseitige Bewegung angewiesenes Wesen. Bewegung ist seine Natur.
- Der Mensch ist ein soziales Wesen, das auf Geselligkeit, auf Kontakt mit anderen Menschen angelegt und angewiesen ist. Er ist im umfassenden Sinne Mitmensch.
- Der Mensch ist ein dialoges, ein auf Gespräch, auf Reflexion angewiesenes Wesen. Er ist notwendiger Gesprächspartner.
- Der Mensch ist ein geistiges Wesen, auf Neugierde, Wissens- und Forschungsdrang, auf Erkennen, Erfassen und Denken als Voraussetzung zum Tun, zum Handeln angelegt.
- Der Mensch ist ein seelisch umfaßtes Wesen, gefühlvoll und herzlich, von Freud und Leid bewegt, auf Liebe und Freundschaft, auf Familie und Gemeinschaft angelegt,
- Und der Mensch ist unweigerlich ein politisches Wesen, das in der Bindung von Freiheit und Ordnung und in der Spannung von Einzel- und Gemeinschaftswesen lebt und seine Pflichten und Rechte wahrnimmt. Alles Handeln des Menschen ist politischer Natur, weil es stets den Mitmenschen betrifft, gleichgültig, ob in Zuwendung oder Versagung.

Die Vielfalt der Anlagen im Menschen, gebunden in der Ganzheit der Person, geformt durch ein tugendhaftes Leben, getragen und geführt im Rahmen eines traditionsbewußten und zukunftsgerichteten Ritterordens, muß im Ordensverband bewußt entfaltet, gefördert, herausgefordert und für die Ordensziele eingesetzt werden. Es ist ja nicht so, daß der Ordensritter Mitglied eines beliebigen Vereins geworden ist, sondern er gehört einer traditionsreichen Ordensgemeinschaft an, die sich in zeitgemäßer Form zu großen Aufgaben und Leistungen verpflichtet fühlt, um Kräfte und Strömungen, die das christliche Abendland, seine Idee und Kultur, ernsthaft bedrohen, abzuwehren und mit geistigem Schwert und geschliffener Feder zu bekämpfen. Mit klaren Worten umreißt der Alt-Prior des Tempelherrenordens, Dr. Edmund Sawall, anläßlich der Rezeptionsansprache am 4. Oktober 1991 im Dom zu Braunschweig dieses große Aufgabenfeld:

„Mehr denn je brauchen wir heute eine Ordnung, die unsere komplexe Welt, unser chaotisches Dasein regelt; braucht unsere Zeit feste Leitmotive, nach denen wir unser Leben ausrichten können; brauchen wir gerade heute das Pflichtbewußtsein und den Opfermut des einzelnen; brauchen wir die echte Gemeinschaft, die dem einzelnen geistige und seelische Heimat ist; brauchen wir heute schließlich das offene Bekenntnis, mehr denn je die Bereitschaft für Werte und Ideale zu kämpfen.

Die tradierte Aufgabe, die wir heutigen Templer von unserem historischen Ursprungsorden ableiten, ist der geistige Geleitschutz. Die Aufgabe des geistigen Geleitschutzes war nie dringender als heute, in der Krise der Moderne, an der Schwelle zur Überwindung des säkularisierten Geistes und seiner sozialistischen, materialistischen und atheistischen Folgen. Wir Templer begründen unsere Lebensweise und unsere Handlungsnormen in den Bekenntnissen und Verpflichtungen unserer Ordensregeln, die wir in Sorge um den Zerfall der in Jahrhunderten gewachsenen Werte des christlichen Abendlandes und im Streben nach den ritterlichen Tugenden aus den überlieferten mittelalterlichen Ursprungsregeln in zeitgemäßer Form abgeleitet haben.... Der Ordensbruder bekennt sich zu den ritterlichen Tugenden: Glauben an Gott – Hilfe gegenüber jedermann – Treue gegenüber dem Orden – Tapferkeit in der geistigen Auseinandersetzung – Gerechtigkeit gegen jedermann – Weisheit im Entschluß – Gehorsam gegenüber dem Ganzen – Besonnenheit im Handeln und Zucht und Maß im Leben."

Der Ordensritter muß wissen, daß man Geschichte kennen muß, um Zukunftsperspektiven haben zu können, um Antworten auf Probleme der Gegenwart geben zu können. Weil wir erkennbar einer schwierigen Zeit als Volk und Staat entgegengehen, müssen sich die Ordensritter geistig rüsten, um in allen Lagen handlungsfähig zu sein. Unser Volk scheint kopf- und führungslos zu sein. Es erwartet, daß sich die „planungslosen Eliten" (so ein Buchtitel von Glotz, Süßmuth, Seitz) zu verantwortungsvollem Handeln zusammentun!

Eine Lanze für den Ritterorden

Inmitten des Kreises der den Menschen tragenden und prägenden Kräfte und Institutionen wie Ehe und Familie, Schule und Kirche, Arbeit und Beruf, Parteien und Verbände, Gemeinde und Staat sowie Volk, Heimat und Vaterland standen und stehen ebenso die Ritterorden in der Vielfalt ihrer geistigen und weltlichen Formen als Gemeinschaften von Menschen, die sich bestimmten Regeln unterwerfen, besondere Verpflichtungen übernehmen und sich hohe Ziele setzen. Die Entstehung dieser Ritterorden geschah in der 200jährigen Kreuzzugsepoche, einer Zeit tiefen Fühlens, starken Glaubens, gewachsenen christlich-europäischen Bewußtseins und in einer zum Selbstopfer bereiten Welt. Aus den Kreuzzugskämpfen erwuchs ein Rittertum, das sich als „Militiae Christi" für die Rettung des heiligen Landes verstand, zur Sicherheit und Sicherung desselben über sechzig Burgen erbaute und alle Kämpfenden geistig in dem Ideal vereinigte: Leben im Dienste der Kirche und des Glaubens dienen den Kranken und Verwundeten, helfen den Witwen und Waisen und kämpfen gegen Heiden und Verächter des Glaubens. Solche wichtigen Aufgaben konnten in jener Zeit eigentlich nur Mönchsorden übernehmen, die mit ihren Klöstern Träger der Krankenpflege, aber auch der Erziehung, Wissenschaft und Kunst sowie des ökonomischen Fortschritts geworden waren, sich nun wegen der militärischen Aufgaben im Zusammenhang der Kreuzzugskämpfe mit den Rittern zu geistlichen Ritterorden zusammenschlossen und als Ritterordensgemeinschaft alle das Gelübde der Armut, Keuschheit, Gehorsam und nun auch zum Waffendienst übernahmen. Aus dieser Verbindung ergab sich das Ritterideal der Ritterlichkeit als verbindliche Haltung in allen Lebenslagen des friedlichen Miteinanders und des fairen Kampfes! Dieses ritterliche Haltungsideal ist die gelebte Tradition aller heutigen Ritterorden, wobei sich die großen Ritterorden unserer Zeit (zum Beispiel bei den Johannitern, Maltesern und dem Deutschen Orden) als Schwerpunkt traditioneller Tätigkeit die karitativen Aufgaben ergeben haben.

Die Gründung des Gemeinwesens des Deutschen Ritterordens in Preußen war eine bewußte und gewollte Gründung zur Sicherung der Christenheit (in der kaiserlichen Goldbulle von Rimini durch Friedrich II. von Hohenstaufen von 1226 und der Papsturkunde von 1284 belegt), verdankt ihren Ursprung der Idee des Kreuzzuges und sollte Schutzwehr für das Abendland, ein Bollwerk der Kirche und des Rechts sein, sollte die Mächte des Chaos bändigen und den Bereich der Ordnung erweitern. Diese von Reich und Kirche geförderte Pionierarbeit war kein „deutscher Eroberungszug". Preußen verdankt seine Entstehung der Zusammenarbeit zwischen den Ordensrittern und der ansässigen Bevölkerung. Der Orden rottete nicht die heidnischen Pruzzen aus, er verdrängte sie nicht aus ihren Siedlungen und wies ihnen nicht armselige Reservationen zu. Er schuf damals in dem Lande über 2000 Hospitäler, verteilte Rechte und Lasten gleichmäßig und ersetzte das pruzzische Recht durch das anerkannt bessere „Kulmische Recht". Die „Pilgerväter", die aus allen deutschen Landen kamen, und die baltisch-pruzzischen Ureinwohner wurden alle Preußen in einem neuen Sinne, gewannen einen neuen Charakter, „aus dem in jahrhundertelanger Entwicklung der letzte Stil Europas hervorgehen sollte". (Heinz Burneleit, Preußen lebt, in: Neues Preußisches Jahrbuch, 1. Jg., Eutin 1975, Seite 108 ff.) Das Ethos des Dienens, die Idee des Rechtsstaates, die Toleranz gegenüber Andersdenkenden und die Suche nach Wahrheit und deren Durchsetzung sind Werte und Aufgaben, die auch heute noch des Einsatzes wert sind – man muß es heute immer wieder betonen!
Es war zur Gründerzeit der Kreuzzugsritterorden und wird auch für alle Zukunft überzeugend bleiben, was der Meister und Gründer des Johanniterordens, Frà Gerard (Bruder Gerhard), als eine alle Zeiten überdauernde Aufgabe der Ritterorden festgestellt hat: „Unsere Bruderschaft wird unvergänglich sein, weil der Boden, in dem die Pflanze wurzelt, das Elend dieser Welt ist, und weil, so Gott will, es immer Menschen geben wird, die daran arbeiten wollen, dieses Leid geringer, dieses Elend erträg-

licher zu machen!" Doch hier stellt sich die Frage: Hat das Elend in dieser Welt nur eine physische Seite? Gibt es nicht auch ein geistiges Elend auf dieser Welt, das oft gar Verursacher des physischen Elends ist?! Kann man dieses geistige Elend nur mit Krankenhäusern, Krankenwagen und Krankenpflegern aus der Welt schaffen?! Umfaßt der Tugendkatalog in der Tradition der Ritterorden nicht ein viel größeres Feld der Mitverantwortung für ein freiheitliches und humanes Leben der Menschen und Völker auf dieser Welt?! Sind Ritterorden in dieser Zeit eingedenk ihrer menschenbildenden Tugenden und weltgeschichtlichen Leistungen nicht auch traditionell verpflichtet, sich ebenfalls den bildungspolitischen und staatspolitischen Aufgaben zu stellen und mit ihren besten Kräften auch zur Verfügung zu stehen? Und das in dem Sinne, „geistigen Geleitschutz" für die Menschen auf ihren Wegen in eine ungewisse Zukunft anzubieten, „geistige Rüstung" und „geistige Waffen" zur Verfügung zu stellen, nicht etwa in Hospitälern, sondern in Lehr- und Bildungsstätten, in traditionellen „Ritterakademien", um den überzahlreichen „Geistig-Fußkranken" und zeitgeistig „Seelisch-Verwundeten" gelehrsam und aufrichtend helfen zu können. Hier liegt ein umfangreiches Zukunftsarbeitsfeld vor, das selbst von edlen Rittern noch nicht voll wahrgenommen worden ist!

Es gehört zur bedeutungsvollen Tradition der Ritterorden, daß ihre Mitglieder nicht nur gläubige Christen, hilfreiche Samariter und tapfere Ritter waren, sie hatten in ihren Reihen und Führungsgremien zudem hervorragende Diplomaten, Heerführer und Staatsmänner. Ritterorden waren nicht nur staatstragend, sondern auch staatsbildend, wie es die Ordensstaaten im Heiligen Land, auf Zypern, Rhodos, Malta und in Preußen sowie an anderen Stellen ausweisen. Diese Seite ruhmvoller Wirklichkeit in der langlebigen Existenz von Ritterorden gehört zu der aus der Vergangenheit wiederzubelebenden Tradition. Die gegenwärtig im Vordergrund stehenden karitativen Tätigkeiten und Leistungen heutiger Ritterorden bedürfen aus Tradition und

Herausforderung dringend einer Reaktivierung bildungspolitischer Arbeit und staatspolitischer Handlungsfähigkeit zur Wiederherstellung der ganzen Bandbreite ordensritterlicher Verantwortungsfelder.

Als das Rittertum im 15. und 16. Jahrhundert durch einschneidende Veränderungen seiner existentiellen Rahmen- und Lebensbedingungen an Bedeutung verlor, beantwortete es diese Herausforderung mit der Gründung von „Ritterakademien" als Bildungseinrichtungen für junge Adlige zwecks Vorbereitung für den Heeres-, Hof- oder Staatsdienst, die bis in das 19. Jahrhundert hinein eine wichtige Aufgabe erfüllten. Ähnlich wie auch Preußen nach der Niederlage von Jena und Auerstedt dann 1809/1810 zu Berlin eine „Alma mater", die Friedrich-Wilhelm-Universität (später Humboldt-Universität genannt), als Grundstock für eine neue Zukunft aus der Erkenntnis gründete, die der damalige preußische König Friedrich-Wilhelm III. mit der klassischen Formulierung erklärte: *„Der Staat muß durch geistige Kräfte ersetzen, was er an physischen verloren hat."*

In diesem Sinne wurden von ritterlicher Seite „Ritter-Akademien" in Tübingen (1589), Kassel (1599/1709), Kolberg (1653), Lüneburg (1655), Halle/Saale (1680), Wolfenbüttel (1687), Erlangen (1699), Brandenburg/Havel (1704), Berlin (1705), Liegnitz (1708), Ettal(1711), Hildburghausen (1714), Dresden (1725) Braunschweig (1745) und Wien (1746) gegründet. Die Ritterakademien, die im 17. und 18. Jahrhundert für den jungen Adel von Landesherren oder adligen Körperschaften geschaffen wurden, höfische und humanistische Bildung vermittelten, wurden später zu Gymnasien und Universitäten, zu Kadettenanstalten oder Kriegsschulen umgewandelt oder bestehenden angeschlossen. Hinsichtlich der Geschichte des Rittertums, der daraus erkennbaren Schwerpunkte der ritterlichen Tradition, die eben auch die Bereiche der Erziehung und Bildung und darin die Ritterakademien sowie der Staatspolitik einschließt, fällt heutzutage bei Ritterorden eine gewisse Einseitigkeit im Traditionsverständnis auf. Angesichts des zunehmenden geistig-moralischen Verfalls in allen Bereichen des Lebens in unserem Lande, im Hinblick auf die hohen Tugenden und strengen Regeln, denen sich Ritterorden in unserer Zeit laut ihrer Statuten und Satzungen verpflichtet fühlen, sollten sie sich weit mehr als bisher der geistigen Auseinandersetzung als Herausforderung stellen und der ritterlichen Tugenden im Leben und in der Politik das Wort reden. Der Apostel Paulus ermahnt uns, „verkünde das Wort, tritt dafür ein, ob man es hören will oder nicht"! Karl Jaspers sagte zutreffend, „zuzusehen in der Politik heißt nicht existieren"! Insofern ist die Bildungsarbeit für das Leben des Ritters im Ritterorden von erheblicher Bedeutung. Und hier wäre es ideal und zünftig, wenn die jeweiligen Ritterorden sich Gedanken und Pläne machen würden, ob und wie sie es machen könnten, den Schwerpunkt ihrer Arbeit in eine Burg zu verlagern oder gar diese selbst zu erwerben. Der Anreiz zur Mitgliedschaft gerade Jüngerer, die Möglichkeit der Ordensverwaltung, die Organisation von Bildungsseminaren, Konventen und Kapiteltreffen wären groß. Überlegungen und Pläne zur Verwirklichung eines solchen Vorhabens hat der Autor dieses Beitrages schon vor Jahren in seinem Buch „Ritter sein – um der Zukunft willen"(4) vorgestellt. Wir können es uns nicht leisten, „Ritter von der traurigen Gestalt" zu sein! Es gilt, als „Ritter ohne Furcht und Tadel" klug und vorausschauend zu denken und zu handeln, um die Zukunft zu gewinnen!

Ein prophetischer Ritterblick in die Zukunft

Bereits zweimal wurde in diesem Beitrag über die große Zukunft des Rittertums auf die prognostische Feststellung des Vorstehers der Bruderschaft der Hospitaliter und Gründer des Johanniterordens, des 1120 verstorbenen Frà Gerard, hingewiesen, weil sie ein klassisches Beispiel eines nüchtern prophetischen Zukunftswissens ist: *„Unsere Bruderschaft wird unvergänglich sein, weil der Boden, in dem die Pflanze wurzelt, das Elend dieser Welt ist, und weil, so Gott will, es immer Menschen geben wird, die* *daran arbeiten wollen, dieses Leid geringer, dieses Elend erträglicher zu machen!"*

Frà Gerard hat in großer Menschenkenntnis und Weitsicht vorausgesehen und vorausgesagt, warum die Ideale und Aufgaben eines Ritterordens und darum diese selbst auch unvergänglich sind und, wie wir feststellen können, noch heute bestehen, unentbehrlich sind und gerade in der heutigen so materialistischen Zeit alle Hände voll zu tun haben. Daran wird sich auch in Zukunft nichts ändern.

Bemerkenswert ist nun, daß der ebenfalls in Jerusalem weilende und 1120 verstorbene Mönch und spätere Abt des Klosters in Vézelay, Jehan de Vézelay, später Johannes von Jerusalem genannte Mitbegründer des Templerordens, dieses von Frà Gerard vorausgesagte Elend in dieser Welt in einer in 40 Versen verfaßten Prophetie für das 3. Jahrtausend ausdrücklich beschreibt, vor seinem Tode in sieben Exemplaren verteilt, wovon ein Exemplar 1992 von einem französischen Historiker, Professor Galvieski, in der Gulag-Bibliothek in Moskau aufgefunden wurde und so der Welt noch rechtzeitig genug als Gefahr und Warnung zur Kenntnis kam. Der Autor dieses Beitrages referierte darüber anläßlich des 36. Generalkapitels des OMCT.(5)

Bei Johann von Jerusalem handelt es sich offensichtlich um einen „Seher", der die gesehenen Bilder in einer Schwarte beschreibt und in sieben Exemplaren zur Warnung und Verhinderung des Unheils verteilt, damit sie, so Gott will, rechtzeitig vor Eintritt des 3. Jahrtausends aufklärend zur Verfügung stehen. Zwischen „Sehern" und „Propheten" gibt es fließende Übergänge. Wie Lebenslaufuntersuchungen bei zahlreichen bekannten Sehern zeigen, haben diese meist besondere Schockerlebnisse gehabt, die ihr Wesen und Leben entscheidend veränderten und zugleich diese seherischen Fähigkeiten auslösten und bewirkten. Ein Prophet ist im wörtlichen Sinne eigentlich ein Verkünder, ein Sprecher, ein Berufener. Wir kennen biblische Propheten als Verkünder. Neben den Bibel-Propheten gibt es auch

Geschichts-Propheten. Dabei sind Prophetien keine Ereignisse, die zwingend eintreten werden, sondern eher Mahnungen, die warnen sollen. Wenn diese dann nicht beachtet werden, sind die angekündigten Ereignisse meist unheilvoll eingetreten. Das umfangreiche Schrifttum, das zu dieser Thematik und Problematik weltweit vorliegt, beschreibt solche Vorgänge eindrucksvoll. Dieses Schrifttum bestätigt übrigens auch Johannes von Jerusalem in seinen warnenden Hinweisen.(6)
Als Beispiel einer Geschichtsprophetie kann man das 976seitige Werk des britischen Historikers Paul Kennedy „Aufstieg und Fall der großen Mächte. Ökonomischer Wandel und militärische Konflikte von 1500 bis 2000" bezeichnen, das in einer vergleichenden Untersuchung über Aufstieg und Niedergang großer Mächte in 500 Jahren aufspürt, daß es hier einen gleichbleibenden Rhythmus von Aufstieg, Überdehnung, Erschöpfung und Abstieg gibt, der erklärt, warum der Abstieg unvermeidlich wird. Und auf dieser Grundlage konnte Paul Kennedy voraussagen, und das war 1987, den Abstieg der UdSSR und der USA, den Aufstieg Chinas und Japans und unter bestimmten Bedingungen auch Europas. Ein 50seitiges Literaturverzeichnis läßt die Breite und Tiefe der Arbeit erkennen. Als Geschichtsprophetie im Vergleich zur Bibelprophetie läßt sich sagen, daß der erkannte „Rhythmus" die Möglichkeit bietet, noch aus dem Teufelskreis auszusteigen. Das hat die UdSSR nicht erkannt und nicht vermocht, und dem werden wohl die USA mangels Einsicht und Konsequenz ebenfalls erliegen.(7)
Umgekehrt kann man den Eindruck gewinnen, daß China die Situation und vorhersehbare Entwicklung bewußt geworden ist und eine bedachte und vorsichtige Anpassung seiner Politik und Strukturen einleitet. Japan hingegen befindet sich im asiatisch-amerikanischen Spannungsfeld zwischen den USA und China eingekeilt und unfähig zu eigenem durchgreifendem Handeln, vergleichbar dem europäisch-amerikanischen Spannungsfeld, welches eine erfolgreiche Entwicklung Europas ebenso verhindern kann. Interessant ist hier nun, daß auch die

Bibelprophetie das Arbeitsergebnis von Paul Kennedy bestätigt, es aber auch hier viele Literaturzeugnisse gibt, die den Niedergang der USA klar erkennen.(8)
Insofern werden die von Frà Gerard angekündigten „elenden" Dauerzeiten auf breiter Grundlage bestätigt und damit auch die Notwendigkeit, daß auch stabilisierende Kräfte wie die Ritterorden vorhanden sein und helfen müssen. Wenn man aber der Zusammenschau aller Wissensquellen aus der Vergangenheit, Gegenwart und Zukunft im Sinne ganzheitlichen Denkens und Handelns das Ausmaß des auf uns zukommenden Elends vermittels der Futurologie erfährt, dann ergeben sich für die zukunftsträchtigen Ritterorden die strukturellen Reformnotwendigkeiten auf dem Sektor der „geistigen Rüstung", der Elitebildung, des Organisationsbereiches sowie als Rückgrat „eine feste Burg" mit „Ritterakademie"!

Literaturhinweise

1. In: Müller, H. A.: Die Gegenwart der Zukunft, München 1991, Seite 27 f.
2. In: Calaprice, A. (Hrsg.): Einstein sagt, München 1999, Seite 85
3. In: Böckl, M.: Propheten, Seher und Auguren, Andechs 1994, Seite 205
4. Emil Schlee, Ritter sein – um der Zukunft willen. Eine Lanze für die Tugend, Aufsätze und Vorträge, Preußisch Oldendorf, 1996, ISBN 3-922367-80-1
5. 36. Generalkapitel des OMCT-Tempelherrenordens, Deutsches Priorat, am 8. September 2002 in Fulda, in: „non nobis", Heft 42, Dez. 2002, Seite 17–21.
6. Vergleiche hierzu:
   Böckl, M., Prophezeiungen für das neue Jahrtausend: Johannes von Jerusalem. Blick in die Zukunft, Waldkirchen 1998, (ISBN 3-89682-043-5).
   Waldenberg, G. von, Vision 2004. Die nächsten 10 Jahre, Eigenverlag 1994.
   De Gard, L., Wer plant den 3. Weltkrieg? Eine Analyse aus prophetischer, militärstrategischer und geheimdienstlicher Sicht, Rottenburg 2002, (ISBN 3-930219-46-8).
7. Schlee, Emil, Amerika! Höre auf ... die Signale, in: DMZ - Spezialbeitrag, DMZ Nr. 32, 1 / 2003.
8. Armstrong, H-W., Die USA und Großbritannien in der Prophezeiung, Bonn 1967, (nur Bibelquellen),
   Liebi, R., Israel und das Schicksal des Irak. Unruheherd Nahost im Licht der Bibel, Berneck 2003.

Ritterschlag
Zu Gottes und zu deiner Ehr,
diesen Schlag und keinen mehr!
Sei tapfer, gläubig und gerecht,
sei ein Ritter und kein Knecht!

Ein Ritter sein – damals und heute

(1) Vorbemerkungen

Wir Menschen eilen auf dem Wege durch Raum und Zeit dem Ende dieses Jahrhunderts und Jahrtausends zu. Das Deutsche Volk hat in diesem Jahrhundert zwei Weltkriege und in Zu- sammenhang damit vier verschiedene Staatsformen, drei unterschiedliche Gesellschaftsordnungen, zwei totale Vermögensumschichtungen und letztlich den Untergang einer ganzen Welt erlebt. Im zu Ende gehenden Jahrtausend erwuchs in der Mitte Europas aus deutschsprachigen Stämmen das Deutsche Volk, entstand und verging das Heilige Römische Reich Deutscher Nation, erlebten die Völker Europas eine 200jährige Epoche der Kreuzzüge in das Heilige Land zur Befreiung der Heiligen Stätten der Christenheit vom Islam, hierbei die aus Vereinigungen von Rittertum und Mönchtum hervorgegangenen Ritterorden, durchlitten drei gegen die Mitte Europas geführte Dreißigjährige Kriege (1618–1648 / 1789–1815 / 1914–1945) mit ihren für die Völker und Staaten verheerenden Folgen und bis in die Gegenwart reichenden Auswirkungen, die vor allem die Deutschen im politischen Spiel der Kräfte mehr Objekt als Subjekt sein ließen.

Im mit solchen Zeiten einhergehenden geistigen Niedergang, moralischen Verfall, in kultureller Not und politischer Verzweiflung besinnen sich die Menschen oft wieder auf ihre Geschichte, um im Sinne des britischen Historikers und Kulturtheoretikers Arnold J. Toynbee (1889–1975) angemessene „Antworten“ auf die entstandenen „Herausforderungen“ leichter finden zu können. Das Thema dieser Abhandlung entstand daher nicht zufällig, sondern stellt sich aus dieser Zeit, in der wir leben! Eine Rückbesinnung ist notwendig, um richtige Wege in die Zukunft finden zu können.

- Denn „Geschichte ist die geistige Form, in der sich ein Volk über seine Vergangenheit Rechenschaft gibt, um seine Zukunft zu gewinnen“ (A. J. Toynbee), oder abgewandelt, „Geschichte ist die geistige Form, in der sich die heutigen Ritterorden über ihre Vergangenheit Rechenschaft geben, um sich zeitgemäßen Aufgaben für die Zukunft stellen zu können“.
- „Geschichte ist das politische Gedächtnis eines Volkes“ (K. Hornung), auch der Ritterorden, ist nicht nur „Kunde vom Vergangenen“, sondern hilfreiche „Vergegenwärtigung des Gewesenen“ (G. v. Rauch), und damit auch eine geistige Waffe zur Verteidigung und Durchsetzung der Wahrheit.
- So wird Geschichte zur Gegenwart und dadurch zur Stunde der Entscheidung für eine hoffnungsvollere Zukunft. In diesem Denken kannte Golo Mann „nur Gegenwart, in drei Formen: Gegenwart der Vergangenheit – in der Erinnerung; Gegenwart der Zukunft – im Vorausdenken; Gegenwart des Augenblicks – der ständig verschwindet, indem er ankommt, und ohne den doch Vergangenheit und Zukunft nicht wären“.
- „Einen Gegensatz zu schaffen zwischen Zukunft und Vergangenheit, ist sinnlos. Die Zukunft bringt uns nichts; sie gibt uns nichts; wir sind es, die ihr alles geben müssen, um sie zu bauen. Aber zum Geben muß man besitzen, und wir besitzen kein anderes Leben, keine andere Kraft als die Schätze der Vergangenheit, die wir lenken, assimilieren und neu schaffen müssen. Die Liebe zur Vergangenheit hat nichts mit reaktionärer Politik zu tun. Die Zerstörung der Vergangenheit ist vielleicht das größte aller Verbrechen“ (Simone Weil).

Nun erliegt gegenwärtige Geschichtsschreibung nicht selten der Versuchung, vergangene Zeiten und deren Gestalter mit heutigen Bewertungsmaßstäben zu messen, gar mit „gut“ oder „böse“ zu be- oder zu verurteilen und damit Geschichte zu verfälschen. Das Amt des Historikers ist nicht das des Richters! Er muß sich vor allem in die vergangenen Zeiten hineinversetzen, sie verständnisvoll sehen und angemessen erklären können. Auffallend, wie unterschiedlich, und nicht selten moralisierend, manche Historiker Rittertum und Kreuzzüge beurteilen. Ihnen fehlt dann auch der Zugang zu den heute noch wirkungsvollen Ritterorden aus der Kreuzzugsepoche und den zahlreichen Gründungen in den nachfolgenden Jahrhunderten bis in die Gegenwart. Über solche zeitgeistabhängigen Geschichtenschreiber kann man getrost hinwegsehen.

Einfühlsam und verständnisvoll versteht es die französische Historikerin Régine Pernoud in der Einleitung ihres Buches, „Die Kreuzzüge in Augenzeugenberichten" (1961), in die Zeit einzuführen: „Man muß bedenken, daß der Begriff „Kreuzzug" im Mittelalter unbekannt war. Er ist eine moderne Bezeichnung, während man zu jener Zeit sagte „der Weg nach Jerusalem, die Überfahrt, die Reise, die Pilgerfahrt". . . Der Kreuzzug wird erst verständlich, wenn man sich ins Mittelalter zurückversetzt, wenn man sich eine Gesellschaft vorstellt, in der jeder, abgesehen von seltenen Ausnahmen, gläubig war. Dieser christliche Glaube, der im byzantinischen Morgenland wie im Abendland herrschte, ging nicht von einer äußeren Autorität aus, wie man nach gewissen modernen Erfahrungen annehmen könnte; er war vielmehr im Herzen der Menschen selbst verankert. Der Glaube ist es, der das Leben lebenswert macht! Man versteht die Kathedralen ebensowenig wie die Kreuzzüge, wenn man nicht zuvor diese Tatsache begriffen hat, die sich auch in den zeitgenössischen Berichten dokumentiert. In den Pilgerfahrten äußerte sich dieser Glaube besonders stark. . . . „Die Pilgerfahrt macht uns das Wesentliche im Leben der Christen deutlich: auf dem Wege zu sein zu einem anderen Leben."

Ob diese Wege heute schon „ausgetreten" sind oder ob sie im geistigen Geleitschutz moderner Ritterorden in heutiger Zeit

Ein letzter Blick, ein ritterlicher Handschlag. Verabschiedung und Aufbruch zum Kreuzzug.

„begehbar“ blieben, soll nachfolgend untersucht und geprüft werden.

(2) Ritterorden

Die Entstehung der Ritterorden fällt in die Zeit der Kreuzzüge, einer Zeit tiefen Fühlens, starken Glaubens, gesteigerten christlich-europäischen Bewußtseins und in einer zum Selbstopfer bereiten Welt. Die damals schon ständigen Wallfahrten nach Jerusalem wurden infolge der Eroberung dieser Stadt und des Heiligen Landes durch die türkischen Seldschuken immer schwieriger und erforderten letztlich den Schutz der christlichen Pilger. Aus dieser Herausforderung entwickelte sich ein Rittertum, das sich als „Militia Christi“ zur Rettung des Heiligen Landes verstand und alle Kämpfenden geistig in dem Ideal vereinigte: Leben im Dienste der Kirche und des Glaubens; Dienen den Kranken und Verwundeten; Helfen den Witwen und Waisen und das Schwert ziehen nur in der „höheren Rechtfertigung gegen Heiden und Verächter des Glaubens“.

Die Erkrankungen und Verwundungen bei Pilgern und Rittern auf dem Wege in das Heilige Land und dort selbst nahmen so zu, daß der Gesundung und der Wiederherstellung der Kampfeskraft immer größere Bedeutung für den Erfolg eines Kreuzzuges zukam. Solche speziellen Aufgaben konnten zu damaliger Zeit in erster Linie Mönchsorden übernehmen, die mit ihren Klöstern neben geistlichen, geistigen und ökonomischen Aufgaben auch Träger der Krankenpflege waren und dadurch ausreichend Erfahrungen besaßen. So wurden Mönchsorden zum Vorbild für den Aufbau ritterlicher Gemeinschaften mit Großaufgaben für die Kreuzzüge. Hieraus entstanden die geistlichen Ritterorden, die das Gelübde der Mönchsorden, in Armut, Keuschheit und Gehorsam zu leben, übernahmen und mit dem Element ihres Standes, den Waffendienst, hier zum Kampfe für den Glauben und zum Schutze der Pilger, zusammenfügten. Im übrigen waren die Hospitäler damaliger Zeit aus heutiger Sicht eher eine Kombination von Herberge, Gasthaus, Obdachlosenheim, Sozialstation und Krankenhaus mit christlicher Nächstenliebe im Dienste der Armen, Kranken und Verwundeten.

Von den neuentstandenen Ritterorden jener Zeit gewannen vor allem die JOHANNITER, nach dem Spital des heiligen Johannes in Jerusalem benannt, seit 1108 vorwiegend der Krankenpflege dienend, 1113 vom Papst anerkannt, und die TEMPLER, die ihren Namen wegen der Nähe ihrer Kirche zum Tempel Salomon erhielten, seit 1118 besonders für den Schutz der Pilger im Einsatz, 1119 ebenfalls vom Papst anerkannt, internationale Bedeutung. Die Johanniter gliederten sich in Ritter, Priester und dienende Brüder und wählten auf Lebenszeit einen Großmeister an ihre Spitze. Die Geistlichen besorgten den Gottesdienst, die dienenden Brüder übernahmen die Krankenpflege, und die Ritter bestiegen ihr Roß, um mit dem Schwerte in der Hand die Wallfahrer vor Angriffen der Sarazenen zu schützen. Ihre Tracht war ein schwarzer Mantel mit weißem, achtspitzigen Kreuz. Nach Verlust Jerusalems zogen sich die Johanniter zuerst nach Zypern (1291), dann nach Rhodos (1310) und von dort nach Malta (1530) zurück. Sie wurden deshalb jeweils auch Rhodesier oder Malteserritter genannt. Der Orden der Tempelherren hatte mehr militärischen Charakter, erhielt 1128 die von Bernhard von Clairvaux verfaßte Regel und unterstand unmittelbar dem Papst. Als Ordenskleid trugen sie einen weißen Mantel mit rotem Kreuz. Das Ansehen des Ordens war schnell gewachsen, das Vermögen stieg durch Schenkungen beträchtlich. Das führte vor allem beim französischen König Philipp IV. zu neidvollen Besitzinteressen, so daß er bereits 1305 den Tempelherren-Orden wegen angeblicher Vergehen durch die Inquisitionskräfte verfolgen ließ, um in den Besitz des Templervermögens zu gelangen, und bedrängte Papst Clemens V., den Orden aufzuheben, was dann im März 1312 in Vienne

auch beschlossen wurde und den Einzug aller Templer-Besitztümer in Frankreich zur Folge hatte. Das tragische Schicksal der Verurteilung vieler Templer und auch ihres Großmeisters Jagues de Molay, der mit anderen gar Opfer der Verbrennung wurde, schien das Ende des Tempelherren-Ordens zu sein.
Als großer Orden von internationalem Rang entstand 1198 vor Akkon aus einer von Bremer und Lübecker Kaufleuten gestifteten Hospitalbruderschaft der DEUTSCHE RITTERORDEN. Er war nach dem Vorbild der überwiegend romanischen Ritterorden der Johanniter und Templer aufgebaut worden, hatte einen weißen Mantel mit schwarzem Kreuz als Ordenstracht und erlangte später in der deutschen Geschichte große Bedeutung. Denn obwohl die Ziele des Ordens, der seinen Hochmeistersitz 50 km nördlich von Akkon auf der Bergfeste Montfort eingerichtet hatte, bis 1271 im Heiligen Land verankert waren, suchte Hermann von Salza, der Hochmeister des Ordens, schon neue Aufgaben in Europa. Nach dem Fall von Montfort am Ende der Zeit der Kreuzzüge erbaute Hochmeister Winrich von Kniprode 1309 die Marienburg zum Sitz des Deutschen Ordens. Der kaiserliche und päpstliche Auftrag für den Deutschen Ritterorden zur Christianisierung Preußens war bereits 1226 ergangen. Der Auftrag der abendländischen Christenheit an den Deutschen Ritterorden ließ den Ordensstaat an der Weichsel Wirklichkeit werden, der 1410 bei Tannenberg von Polen besiegt wurde, 1525 weltlich-protestantisches Herzogtum mit polnischer Lehenshoheit, kam 1618 zu Brandenburg. Napoleon I. hob den Orden 1809 auf. In Österreich wurde er 1834 durch Kaiser Franz I. in Anerkennung seiner großen historischen Verdienste wieder erneuert. Johanniter, Malteser, Templer und Deutscher Orden erfüllen noch heute weltweit karitative und andere Aufgaben.
Um eine eurozentrische Betrachtung zu vermeiden, sei hier angemerkt, daß es ordensgleiche Vereinigungen, deren Mitglieder sich bestimmten Regeln unterwerfen, besondere Verpflichtungen übernehmen und hohe Ziele setzen, zu allen

Zeiten und in vielen Teilen der Welt gegeben hat. Es ist sogar denkbar, daß die Entwicklung der europäischen Ritterorden Anregungen und Impulse durch Begegnungen mit ähnlichen Bünden aus der arabischen Welt erfahren hat. Aus der Fülle ordensähnlicher Vereinigungen aus anderer Zeit oder an anderer Stelle nur drei Beispiele.

- So gab es schon zur Zeit des Römischen Weltreiches den zwischen Patriziern und Plebejern angesiedelten Stand der Ritter (equites); ein Reiteradel, der seit der Königszeit in Hundertschaften (Centurien) gegliedert war. Er war durch einen schmalen Purpurstreifen an der Tunika ausgezeichnet, wurde später zum Offiziers- und Beamtenstand umgebildet und durch Hadrian (76–138 n. Chr.) zum ausschließlichen Träger der Reichsverwaltung und zu Senatoren im Stadtbezirk Rom erhoben.
- Auf der Burg Alamut nördlich von Teheran hatten die ordensmäßig organisierten NIZARITEN (auch ASSAMINEN genannt) ihren Hauptstützpunkt. Mit ihnen kamen in Syrien zur Zeit der Kreuzzüge europäische Ritterorden zu punktueller Zusammenarbeit. Mehr bekannt wurden sie uns durch den Reisebericht von Marco Polo (1298/99). Noch heute sind reformierte Nizariten im gesamten Vorderen Orient aktiv und haben seit 1800 den Aga Khan als Oberhaupt an ihrer Spitze, den sie bei bestimmten Anlässen in Silber, Gold oder Diamanten in Höhe des Lebendgewichtes ausgewogen haben.
- Erwähnt werden soll hier auch der japanische Samurai-Kriegeradel, der anfänglich als bewaffnete Begleitergruppe der kaiserlichen Familie und des Adels eingesetzt wurde, später direkte Vasallen des Shoguns (1192–1868) und ihm nachgeordneter Regionalfürsten waren. Den Rittern vergleichbar war vor allem ihr oberster Stand, der unter dem Hochadel angesiedelt war (Militär, Beamte, Priester) und einen strengen Ehrenkodex hatte. Sie hatten das Recht, zwei

Schwerter tragen zu dürfen und eigene Gerichtsbarkeit zu haben. Zum Teil wurden sie in den Adelsstand erhoben. Trotz aller Vielfalt der Formen im Mönchs- und Ritterordenswesen gab es eine Gemeinsamkeit: Der hohe Stand der Lebensregeln, Tugendlehren und des Ehrenkodexes.

(3) Rittertugenden

Ritterliche Tugenden in Verbindung mit den entwickelten höfischen Formen blieben auch nach dem Niedergang der politischen Bedeutung des allgemeinen Rittertums bis in die Gegenwart erzieherische Ideale und Vorbilder. Sie sind im Rahmen der abendländischen Tugendlehren von den christlichen Zehn Geboten bis zu den Grundrechten unseres Grundgesetzes zu sehen, stellen ein bedeutendes europäisches Kulturerbe und Kulturvermächtnis dar, das beim Verfall aller Tugenden in unserer Zeit von Tag zu Tag an Bedeutung gewinnt! Es gilt, den Bedeutungsverfall und die Sinnverkehrung des Begriffs und Inhalts von „Tugend“ aufzuhalten und rückgängig zu machen!
Es läßt hoffen, wenn man sich in unseren Tagen zunehmend darauf besinnt, daß das Rittertum Ausdruck der Gesamtheit der Kultur- und Lebensformen im hohen und späten Mittelalter war, eine bedeutungsvolle abendländische Erscheinung, deren Vertreter sich am Leitbild des der Ehre verpflichteten, tüchtigen und wohlerzogenen Menschen orientierten, in ihrer ritterlichen Tugendlehre antike und christliche Ethik sowie germanischrechtliche Auffassungen vereinigten und als Ordensritter Menschen waren, die eigentumslos dem Dienste an den Armen und Kranken in der Ausbreitung des Reiches Gottes in der Welt lebten. Als Deutsche wissen wir, daß die Ausstrahlung dieser Ordensethik in der Gemeinschaft des Deutschen Ritterordens als tragende Kraft über Brandenburg-Preußen zur Gründung des Deutschen Reiches 1871 geführt hat. Das Ethos des Dienens, die Idee des Rechtsstaates, die Toleranz gegenüber Andersden-

Von Geschlecht zu Geschlecht: Der Rat der Alten, das Leben zu gestalten. Die Tugend der Jugend, es ohn' Klagen zu wagen!

kenden und die Suche nach Wahrheit und deren Durchsetzung sind Werte und Aufgaben, die zeitlos gültig und gerade heute des unveränderten Einsatzes aller edlen Kräfte wert sind.
Es gibt daher auch einen nahtlosen Übergang von den ritterlichen Tugenden des Mittelalters zu den „Preußischen Tugenden", die einst Preußen zum modernsten Staat im europäischen Kulturkreis werden ließen. Man muß sich vor Augen führen, was sein würde, wenn die „Preußischen Tugenden" für Bürger, Politiker, Parlamentarier und Regierende verbindliche Verhaltensregeln wären:
• Selbstloser Dienst für die Allgemeinheit • Unbestechlichkeit und Uneigennützigkeit • Treue und Verantwortungsbewußtsein • Schutz der persönlichen Freiheit und des Eigentums • Pflichterfüllung und Sparsamkeit • persönliche Bescheidenheit • Achtung vor dem Nächsten • Schutz der sozial Schwachen und der Minderheiten • Glaubens- und Gewissensfreiheit • Wahrung der Rechtsstaatlichkeit • Wehrbereitschaft • Sicherheit und Ordung!
Die Tugendlehren im abendländischen Denken über den sittlichen Menschen beabsichtigten keine reglementierende Einengung oder Unterdrückung, sondern wollten den Weg zur Selbstverwirklichung und Seinsvollendung freimachen. Hierbei würde eine Definition des Begriffes „Tugend" mit dem Wortlaut „Tugend ist die Haltung, kraft derer der Mensch geneigt ist, das Gute zu tun" nicht ausreichend sein, weil es nicht um das bloße Sein- und Tunkönnen, sondern um die Verwirklichung dieses Könnens im Sinne Albert Schweitzers: „Die Wahrheit muß getan werden" geht! Die sehr dynamische Formulierung von Thomas von Aquin trifft den Punkt: „Tugend ist die Kraft, durch welche ein Wesen mit der vollen, ihm eigenen Seinsgewalt seinem Werdedrang zu folgen vermag!" Das abendländische Nachdenken und Formulieren über den sittlichen Menschen, wie er sein soll, ließ es nicht nur zur „Tugendlehre", sondern auch zur „Stufenlehre", „Pflichtenlehre" und „Gebotelehre" kommen. Letztere meint vor-

Albrecht der Bär

nehmlich die christlichen 10 Gebote. Die Pflichtenlehre als antike Sollenslehre meint im Sinne eines Paulus wortes, daß wir „züchtig, gerecht und fromm leben sollen in dieser Welt". Calvins „Pflichtenkreise" meinen: Pflichten gegen Gott (fromm), Pflichten gegen den Nächsten (gerecht), Pflichten gegen uns selbst (züchtig). Die Stufenlehre entwickelte die Vorstellung vom „stufenmäßigen Aufstieg zur Gottheit" in den Stufen „Reinigung-Erleuchtung-Einigung". In der Ethik Ciceros haben die vier Kardinalstugenden folgende Reihenfolge: Klugheit, Gerechtigkeit, Tapferkeit und Maß. Thomas von Aquin ergänzte diese Reihe in seiner Morallehre zu klassischem Rang in der Fassung: „Klugheit – Gerechtigkeit – Tapferkeit – Maß – Glaube – Hoffnung – Liebe!"
Abschließend ist festzustellen, daß die Kennzeichen des Ritterideals ähnlich dem griechischen Bildungsideal (körperlich-geistiger Vollkommenheit) waren und einen Begriffskomplex umfassen, der ebenso im arabischen Orient gepflegt wurde, wie auch an anderen Stellen in dieser Welt. In den Rittertugenden spiegeln sich zeitlos und weltweit gültige Werte vorbildlichen Menschentums, die im Leben zu verwirklichen für Menschen stets Ziel und Verpflichtung bleiben werden. Man muß nur „auf dem Weg zu einem anderen Leben" im Sinne der Pilger bleiben und mit der Erfahrung des bedeutenden chinesischen Philosophen Lao-Tse wissen: „Geht der Weg verloren, bleibt die Tugend; geht die Tugend verloren, bleibt die Ethik; geht die Ethik verloren, bleibt das Recht; geht das Recht verloren, bleibt die Sitte. Die Sitte ist nur die Außenseite der Ethik und bezeichnet den Anfang des Verfalls!"

(4) Ein Ritter sein – damals

Als die letzten Tage Friedrich Schillers gekommen waren, hat man ihm durch Vorlesen über die schwere Zeit hinwegzuhelfen versucht. Dabei bat er ausdrücklich: „Gebt mir Märchen und Rittergeschichten, da liegt der Stoff zu allem Schönen und

Großen!" Dieser Zauber der Romantik und Poesie verklärt noch heute das Rittertum. Daher sollten in den „Vorbemerkungen" und Ausführungen über „Ritterorden" und „Rittertugenden" die Lebensfelder, Aufgabenstellungen und Ziele damaligen Rittertums vorgestellt werden, so daß nachfolgend der Ritter selbst noch einmal in den Vordergrund treten kann. Und deswegen hier der Hinweis, daß zur Zeit des 13. Jahrhunderts im Heiligen Römischen Reich Deutscher Nation etwa 12 Millionen Menschen lebten, ca. 10.000 Burgen standen, in denen Familiengemeinschaften mit durchschnittlich 15 Personen „zuhause" waren. Demnach machte der Ritterstand etwa zwei Prozent der Gesamtbevölkerung aus, hatte innerhalb seines Standes erhebliche soziale Unterschiede, formte aber trotzdem vermittels seiner ritterlichen Standeskultur eine äußerlich fast gleichgesittete Schicht in ganz Europa und wurde als Träger der höfischen Umgangsformen auch zum Vorbild anderer Stände. Bedeutungsvoll für unsere Gegenwart ist, daß das Prinzip der Ritterlichkeit, das damals die europäische Oberschicht, ob Adel oder Bürgertum, erfaßt hatte, im Bewußtsein der heutigen Menschen erhalten geblieben ist, wenn auch ständig angemahnt werden muß.

Das Rittertum entwickelte sich zu einer überterritorialen und übernatürlichen Gemeinschaft, die ihrer Ethik und dem Reich Treue schuldete. Rittertum und die großen Ritterorden gehörten zum Reich, wie Klerus und Mönchstum zur Kirche gehörten. Durch die Kreuzzüge verbanden sich mönchischer und ritterlicher Geist zu geistlichen Ritterorden, die die „Antwort" auf die Herausforderungen jener Zeit waren. Geist und Lebensideal des Rittertums verbanden germanische Überlieferungen und christliche Moral. Der Ritter gelobte, den Glauben zu verteidigen, Witwen und Waisen zu schützen, Großmut gegen den besiegten Feind zu zeigen, auf Grausamkeit und Tücke zu erzichten, in Demut vor Gott und Kirche zu leben und mit Tapferkeit und Treue seine Aufgaben zu erfüllen. Freigiebigkeit als Opferbereitschaft und in „Minne" der Anerkennung der erhabenen Stellung der Frau zu dienen, waren ebenfalls mit dem Lebensideal des Rittertums verbunden. Ein Ritter damals sollte das Streben nach Ruhm und weltlicher Ehre grundsätzlich in den Dienst höherer Ziele stellen.

Der Erlangung der Würde eines Ritters ging eine lange Vorbereitung voraus, war ein bewegendes und feierliches Ereignis, ein Höhepunkt des Lebens, denn der Knappe war mit Weihe und Ritterschlag ein Diener und Streiter Gottes geworden. Schon mit dem siebten Lebensjahr wurde der Knabe aus der gewohnten elterlichen Umgebung an den Hof eines Fürsten oder auf die Burg eines angesehenen Ritters gegeben. Die dortige Burgfrau war nun seine neue Herrin, der er als Page oder Edelknabe (Bube) diente. In dieser Zeit erlernte er seine ersten Reitkünste. Mit dem vierzehnten Lebensjahr wurde ihm vor dem Altar das Wehrgehänge umgürtet und er damit wehrhaft gemacht. Damit war er Knappe geworden, erhielt nun vom Ritter seine weitere Reiter- und Kampfausbildung, hatte Stall und Rüstkammer zu beaufsichtigen, das Streitroß vorzuführen, Kampfbegleiter seines Ritters zu sein und auch bei feierlichen Gelegenheiten seinem ritterlichen Herrn zu dienen. Eine gelehrte Ausbildung war zwar nicht die Regel, war in der Umgebung aber eine Klosterschule, konnte er am Unterricht teilnehmen. Die ritterliche Erziehung war die Vorstufe des Rittertums, und erst derjenige gehörte dem Ritterstande an, der durch die Schwertleite, durch den Ritterschlag, in ihn aufgenommen war.

Diese feierliche Aufnahme durch Ritterschlag geschah meist in Gegenwart von Zeugen. Hierzu bereitete sich der Knappe durch Baden, Fasten, Beten und Nachtwache in der Kirche vor. Am Tag der feierlichen Aufnahme mußte er in weißem Gewande erscheinen, vor dem, der ihm den Ritterschlag geben sollte, niederknien und um dessen Erteilung bitten. Nach vorausgeschickter Ermahnung ließ der Pate den Rittereid (die Ritterpflichten) schwören und erteilte unter Anrufung Gottes den Ritterschlag durch einen Backenstreich und drei

Schläge mit flachem Schwert auf die Schultern als Andeutung, daß dies die letzte Beleidigung sei, die er dulden dürfe. Danach wurde der neuerkorene Ritter mit Schwert, Helm, Harnisch, Schild, Lanze, Streitkolben, Dolch und goldenen Sporen geschmückt. Geschenke an Volk und Kirche, Ritterspiele oder Bälle bildeten den Abschluß dieses feierlichen Ereignisses.
Nach dieser mehr profanen Schilderung des Weges zum geweihten Ritter und dessen Ausstattung mit „Waffenschmuck" in einer Zeit der Hochblüte des Rittertums stehe an dieser Stelle der Appell des Heiligen Paulus in seinem Brief an die Epheser im Sinne einer Überleitung in unsere Zeit: „So legt denn die volle Waffenrüstung Gottes an, damit ihr an bösen Tagen widerstehen könnt und nach erkämpftem vollen Siege das Feld behauptet. So steht da: Umgürtet an den Lenden mit der Wahrheit, bekleidet mit dem Panzer der Gerechtigkeit, beschützt an euren Füßen mit der Bereitschaft für das Evangelium des Friedens. Zu all dem nehmt noch den Schild des Glaubens, mit dem ihr alle feurigen Geschosse des Bösen löschen könnt. Ergreift sodann den Helm zum Schutz und auch das Schwert des Geistes, das heißt, das Wort Gottes!"
In den Stürmen des 14. und 15. Jahrhunderts ging das Rittertum unter, verlor sich feine, höfische Bildung, erlosch der über das Rittertum ausgebreitete poetische Glanz. Man bezeichnete Kaiser Maximilian I. als den letzten Ritter. Sozialer Niedergang und wirtschaftliche Not ließen das „Raubrittertum" aufkommen, eigentumslose Ritter zogen von Land zu Land und wurden „fahrende Ritter", und ehemals aus Gewinnsucht ständig an Turnieren teilnehmende Ritter nannte man schon längst „Glücksritter". Auch in der Zeit und am Ende der Zeit der Kreuzzüge waren Verfallserscheinungen sichtbar geworden. Erklärungen hierfür ergeben sich aus jenen Zeiten.
In der Vergegenwärtigung des Vergangenen, des Gewesenen, der Kreuzzugs- und Ritterzeit im Hinblick auf unser spezielles Thema bleiben Ritterlichkeit, Rittertugenden, Ritterideal, Rit-

terorden. Man bedenke, daß das heutige Europa der politisch-kulturellen Vielfalt sich im Mittelalter entwickelte und vorgeformt wurde, daß dieses Mittelalter durch die Kraft des Glaubens jener Zeit unsere heutige Welt entscheidend mitgeprägt hat, daß Bildung und Wissenschaft in den damals institutionalisierten Universitäten zu einem starken Strukturelement des heutigen Europas wurden, daß die im Mittelalter entstandene Stadt als Rechtsform der Freiheit und Kraftzentrum wichtiger Entwicklungen für die Gegenwart unentbehrlich ist, daß auch die auf Recht und Freiheit sich gründende politisch-soziale Ordnung der Neuzeit aus dem Mittelalter hervorgegangen ist, daß also die konstruktiven Ideen und zeitlos gültigen Ideale aus dem Mittelalter in ihrer Fortentwicklung und Ausbreitung zur Grundlage des heutigen und zukünftigen Lebens geworden sind, die man nicht leichtfertig aufgibt oder „auf's Spiel setzt!" Zu den Formen des Menschen für den Menschen, die ihm wie Ehe und Familie, Schule und Kirche, Arbeit und Beruf, Parteien und Verbände, Gemeinden und Staat sowie Volk, Heimat und Vaterland Halt und Sicherheit, Inhalt und Zukunft geben können, zählen heute auch die modernen Ritterorden mit ihren zeitgemäßen Aufgabenstellungen und zeitlos gültigen Rittertugenden!

(5) Ein Ritter sein – heute

Frà Gerard (Gerhard), Meister und Vorsteher der Bruderschaft der Hospitaliter und Gründer des Johanniterordens, hat in großer Menschenkenntnis und Weitsicht vorausgesehen und vorausgesagt, warum die Ideale und Aufgaben eines Ritterordens und darum diese selbst auch unvergänglich sind und, wie wir feststellen können, noch heute bestehen und unentbehrlich sind: „Unsere Brüderschaft wird unvergänglich sein, weil der Boden, in dem die Pflanze wurzelt, das Elend dieser Welt ist und weil, so Gott will, es immer Menschen geben wird, die daran arbeiten wollen, dieses Leid geringer, dieses

Ferdinand von Hompesch (1797–1799), Großmeister des Souveränen Malteser-Ritterordens.

Elend erträglich zu machen!" Die Ordensidee und mit dieser die Ritterorden der Kreuzzugsperiode haben die wechselvollen Zeiten durch die Jahrhunderte überlebt, diese Ideen und Orden gegebenenfalls auch wieder aufleben lassen, um „dieses Leid geringer, dieses Elend erträglich zu machen!" Sie sind zu den Wurzeln ihres Auftrages, dem Dienst am Nächsten, zurückgekehrt und haben gerade in der heutigen materialistischen Zeit alle Hände voll zu tun.

Es ist sicherlich kein Zufall, daß in unserer formenloser gewordenen Zeit bestehende Ritterordern mit ihren Traditionen, fordernden Regeln, verpflichtenden Tugenden, großen Zielen und humanen Aufgaben wieder Zuspruch und Beachtung gewinnen. Die Forderungen des Heiligen Paulus an die Epheser, „umgürtet an den Lenden mit der Wahrheit, bekleidet mit dem Panzer der Gerechtigkeit, beschützt an euren Füßen mit der Bereitschaft für das Evangelium des Friedens", dem „Schild des Glaubens" und dem „Schwert des Geistes, das heißt, das Wort Gottes", sind durchaus aktuell. Robert Dauber, „Archiv und Dokumentation Malteser Hospitaldienst Austria" in Wien, sieht die Umstellung auf die Gegenwart so:

„Die Festungen des Ordens sind heute seinen Krankenhäusern, die berühmte Flotte des Ordens seiner Flotte von Krankenwagen, die militärischen Ritter von einst sind seinen ritterlichen Kämpfern gegen das Elend in dieser Welt, die Rüstungen den Krankenpflegerkleidungen gewichen." Für den Bildungssektor hat der Verfasser dieses Beitrages es einmal wie folgt formuliert: „Während es in der Zeit der Entstehung der Ritterordern um den Geleitschutz der christlichen Pilger auf ihrem Weg in das Heilige Land ging, muß man wohl in unserer Zeit zu den Aufgaben eines modernen Ritterordens rechnen, den Menschen auf ihrem Wege in die ungewisse Zukunft ‚geistigen' Geleitschutz anzubieten! Was früher die ‚Ritterrüstung' war, muß heute eine aufrechte, humane, ritterliche, mutige ‚geistige Rüstung' sein. Die ‚metallenen Waffen' früherer Zeiten müssen heute die mit Herz und Verstand geführten

‚geistigen Waffen' geworden sein. Die ‚Hospitäler für die Kranken und Verwundeten der Kreuzzüge' damaliger Art sollten heute die ‚Lehr- und Bildungsstätten' für die vielen ‚Geistig-Fußkranken' und ‚Seelisch-Verwundeten' unserer Zeit sein. Es gibt im ganzen Lande so viele Bildungsstätten, die dafür zur Verfügung stehen."
Um einen Eindruck von dem gegenwärtigen Wirken der großen traditionellen Ritterorden aus der Kreuzzugsepoche zu bekommen, einige Angaben:

Johanniter-Orden: Mit etwa 3.200 Ordensrittern, von denen viele ehrenamtlich wirken, erfüllt der Johanniter-Orden seinen 900jährigen Auftrag in dieser Zeit, den Kranken und Schwachen zu helfen und für den christlichen Glauben zu wirken. In 23 Krankenhäusern und Tageskliniken mit 4.500 Betten und Plätzen, 5.500 Mitarbeitern und Mitarbeiterinnen, 110.000 Patienten im Jahr, 1,4 Millionen Pflegetagen, insgesamt Kosten von mehr als einer halben Milliarde Mark, wird in Stille umfangreiche Hilfe gegeben. Auch in Mitteldeutschland ist der Johanniter-Orden sehr aktiv tätig. Gemeinsam mit der Johanniter-Unfall-Hilfe betreibt der Orden 27 stationäre Alteneinrichtungen, davon 7 in den neuen Bundesländern. 2.800 alte Menschen werden von 1.500 Mitarbeitern betreut. Das größte Werk der Ordens ist die Johanniter-Unfallhilfe mit 900.000 Helfern, gegliedert in Landesverbände mit über 300 Unterorganisationen, davon 61 in Mitteldeutschland. Weitere Organisationen in Österreich, Italien, Namibia und Lettland mit 14.000 ehrenamtlich Tätigen. Über 900.000 Förderer als Mitglieder unterstützen diesen großartigen Erfüllungseinsatz.

Malteser-Orden: Dieser vor fast 900 Jahren gegründete „Souveräne Malteser-Ritterorden vom Hospital des heiligen Johannes zu Jerusalem", in Deutschland als Malteser-Orden bekannt, arbeitet auf allen 5 Kontinenten mit ca. 10.000 Damen und Rittern, in 48 nationalen Untergliederungen mit über

60.000 Freiwilligen. In Deutschland ist der größte Nationalverband der Malteser Hilfsdienst mit 30.000 aktiven und 550.000 fördernden Mitgliedern. 1993 belief sich der Wert der Auslandshilfe des Ordens auf 82 Millionen Dollar. 14 Hospitäler und zahlreiche Gesundheitsstationen an Krisenpunkten der Welt, anerkannte Katastrophen- und Flüchtlingshilfe leistend, ob in Bethlehem oder Haiti, ob in Rumänien (Lepra-Dorf) oder im Libanon (dort 11 kleinere Kliniken), mit rund 300.000 Tagespatienten, 400 Ärzten und 2.000 Pflegern (hauptberuflich). Der Kostenaufwand in Deutschland betrug 1992 rund 165 Millionen Mark. Die Vielfalt der Aufgaben in allen Teilen der Welt und stets auch an den Krisenpunkten können hier gar nicht in der Kürze beschrieben werden! Die Malteser – ein mit Leben erfüllter und Leben erhaltender Orden!

Deutscher Orden: Auch der Deutsche Orden zeigte die Fähigkeit zu zeit- und umständebedingten Reformen und damit zur Existenzsicherung. Der Orden besteht heute in drei Zweigen: Den etwa 80 Brüdern, in 37 Niederlassungen in den Provinzen Österreich, Südtirol, Slowenien und Deutschland tätig; den etwa 300 Schwestern, in 34 Niederlassungen in den Provinzen Österreich, Südtirol, Slowenien, Deutschland, Tschechien und Slowakei; den etwa 600 Familiaren, die sich auf die Ballei Deutschland (mit 8 Komtureien), die Komturei Alden Biesen in Belgien, die Ballei Österreich, die Ballei An der Etsch und im Gebirge (Südtirol) und auf die selbständige Komturei Ad Tiberim in Rom und einige andere verteilen. Die Tätigkeiten umfassen sozialkaritative und seelsorgerische Aufgaben, religiöse Erziehung der Kinder, Jugend- und Erwachsenenbildung und Pfarreienbetreuung. Die Brüder, Schwestern und Familiaren sehen sich als Glied einer langen Traditionskette und im Dienst am Menschen. In Wien befindet sich die Zentrale des Gesamtordens mit dem Sitz des Hochmeisters, der Schatzkammer und des Deutschordens Zentralarchivs.

Supremus Ordo Militaris Equitum Teutonicorum! Der Hochmeister des Deutschen Ritterordens verlegte im Jahre 1309 seine Residenz von Venedig auf die Marienburg in Westpreußen. Mit ihm zogen annähernd alle deutschstämmigen Ritter, einige jedoch verblieben im Mittelmeerraum und sammelten sich auf der Insel Zypern.
Bemerkenswert die Rolle der Templer. Wir sehen ihren durch die französische Krone und den Papst verursachten Niedergang und wissen, daß es zwar in der Vergangenheit, als die Templer Zypern von Richard Löwenherz gekauft hatten, mehrfach Probleme gegeben hatte, aber die Templer nachfolgend dem Haus Lusignan bereits des öfteren militärische Unterstützung gegeben hatten. Warum dieses geschah, ist nicht gesichert, aber es erscheint durchaus plausibel, daß König Heinrich II. von Zypern, trotz der Probleme in der Vergangenheit, oder gerade wegen dieser Probleme, durchaus erkannt hatte, welcher Wert einer treu ergebenen Leibgarde zugemessen werden mußte. In der Folge taten sich die überwiegend deutschstämmigen Ritter zusammen und gründeten am 1.11.1311, nach Bekanntwerden der Eröffnung des Konzils von Vienne, einen Bund, den Heinrich II. als Ordo Militaris Teutonicus Levantis anerkannte und dem sich bereits bei Gründung diverse auf der Insel verbliebene ehemalige Ordensmitglieder des Deutschen Ritterordens und des Johanniterordens anschlossen. Einige Jahre später gingen die Tempelritter in Portugal mit der Gründung des Christusordens einen ähnlichen Weg.
Zypern blieb, nach dem Verbot der Templer, der Abwanderung des größten Teils der Johanniter nach Rhodos und der Ritter des Deutschen Ritterordens nach Westpreußen, die einzige christliche Macht, die noch unmittelbar am Heiligen Land interessiert war.
Der König von Zypern war dem Namen nach, und darauf legte er großen Wert, immer noch König von Jerusalem, und noch lange Zeit fand nach der Krönung in Nikosia eine zusätz-

liche Krönung mit der Krone von Jerusalem in Famagusta statt, der christlichen Stadt, die dem Heiligen Land am nächsten lag.
Die Gründung auf Zypern wurde sicherlich dadurch vereinfacht und richtig auf den Weg gebracht, weil dieser unter königlicher Protektion stehende, zwar neue, aber letztlich alte Orden in der Anfangszeit in Guillaume Mauviel einen ehemaligen, auf hoher Initiationsstufe der Templer stehenden Princeps hatte, der in der Lage sein würde, viele Wesenszüge der Templer in die Zukunft zu transportieren. Offiziell führte er nicht den Titel des Großmeisters. Lag es daran, dass der Templerorden noch bestand und der Großmeister Jaques de Molay noch in Haft war? Die Ordensritter trugen den weißen Ordensmantel. Auf der linken Brustseite war ein achteckiges schwarzes Kreuz befestigt. Später, im 19. und im 20. Jahrhundert, tauschte man dieses Symbol noch zweimal gegen ein neues aus, wovon das letzte, eindrucksvoll an die Gründungsgeschichte des Supremus Ordo Militaris Equitum Teutonicorum, wie man den Orden heute nennt, erinnernd, ein achtzüngiges Kreuz darstellt, dessen linke Hälfte weiß, die rechte Hälfte rot gefärbt ist. Ein mittig aufgesetzter Schild enthält das schwarze Balkenkreuz. Dieses Kreuz symbolisiert alle drei Orden, deren ehemalige Ritter an der Gründung des SOMET beteiligt waren, und wird bis zum heutigen Tag getragen. Und von historischer Bedeutung wird sein, wenn nach fast 700 Jahren der Vorwurf der Schuld im Sinne der damaligen Inquisitionsanklage vom Templer-Orden in seiner Gesamtheit vollständig genommen werden könnte.

Ritterorden vom Heiligen Grabe zu Jerusalem: Auch dieser Ritterorden gehört in die Reihe der bekannten Orden und wurde im 14. Jahrhundert gegründet. Aus dieser Zeit stammt der erste urkundliche Bericht in Verbindung zum Heiligen Grabe zu Jerusalem. Nach wechselvoller Geschichte kommt es erst 1868 zu einer tatsächlichen Vereinigung aller „Ritter vom

Heiligen Grabe". Seit 1888 hat der Orden Damen und Ritter als Mitglieder. In der Zeit danach dehnt sich der Orden auf Italien und Frankreich aus. Der Ritterorden bekam 1868 von Papst Pius IX. die Aufgabe, die Christen in der Diözese des Lateinischen Patriarchen zu Jerusalem zu unterstützen. So ist der Ritterorden (einschließlich der deutschen Provinz) heute kostenmäßig an Bau, Restaurierung oder Unterhaltung der Kirchen, Pfarrhäuser in Jerusalem, Westbank und Gaza, der 28 Pfarreien in Jordanien, der 13 Pfarreien in Israel und der neugegründeten auf Zypern beteiligt. Diese Beteiligung erstreckt sich inzwischen auch auf 131 christliche Schulen im Lateinischen Patriarchat, auf Hospitäler, das „Development-Center" in Jerusalem leistete Hilfe zur Zeit des Golfkrieges. Das Motto: „Der Glaube ohne Taten ist ein toter Glaube" (Hl. Apostel Jakobus).

Tempelherren-Orden, Deutsches Priorat: Der 1119 gegründete Orden überlebte den Verlust Palästinas nur um einige Jahrzehnte. Der französische König Philipp IV. ließ den Orden 1305 wegen angeblicher Vergehen durch die Inquisition verfolgen (er hatte in seinen Augen zu viel Vermögen), setzte den Papst Clemens V. unter Druck, der den Orden dann 1312 aufhob. Dieser Vorgang löste Verwirrung aus, brachte im Ablauf der Zeiten angeblich fortbestehende Templergruppen hervor, ließ freimaurerische Vereinigungen mit ähnlichen Bezeichnungen entstehen, so daß irreführende Verwechslungen aufkamen. Noch heute gibt es kein einheitliches Bild. Daher hat das 1966 gegründete Deutsche Priorat der Tempelherren sich auf den Ursprung seiner Ordensgründung bezogen und als Leitmotiv für Orden und Mitglieder die nachfolgenden Rittertugenden gegeben: Glaube, Hoffnung, Liebe, Klugheit, Gerechtigkeit, Tapferkeit, Zucht und Maß, Hilfsbereitschaft, Treue, Weisheit. Er vertritt die Auffassung: „Der Orden ist die engste, kompromißloseste Form einer menschlichen Gemeinschaft mit der stärksten Integrationskraft. Orden bedeutet stets die unlösbare

Einheit von Regel, Verpflichtung, Opfer und Gemeinschaft. Dies gilt auch für Ritterorden von heute!" Mut zum Dienen!

Ritterorden „Der Greif": Der 1884 von Großherzog Friedrich Franz III. von Mecklenburg-Schwerin gegründete Ritterorden, 1984 in Mannheim neu konstituiert, stellt eine internationale Gemeinschaft von Damen und Herren christlichen Glaubens dar, die sich der Pflege des Glaubens, der christlich-abendländischen Kultur, der Ritterlichkeit, Nächstenliebe und Verbundenheit der Menschen im eigenen Lande und der Völker in Europa und der Welt verpflichtet weiß, karitative, sozialpädagogische und missionarische Ziele vertritt, fördert und unterstützt sowie die wissenschaftliche Erforschung der Geschichte der Ritterorden betreibt und deren Ergebnisse in Vorträgen und Veröffentlichungen verbreitet. Im Geiste der traditionellen Rittertugenden Mut, Ehre, Disziplin, Treue, Gerechtigkeit, Tapferkeit, Selbstbeherrschung, Pflichtauffassung, Glaubensstärke, Humanität, Ritterlichkeit gegen Gegner, Freigebigkeit gegenüber Armen und Schutz den Schwachen sind Orden und Mitglieder bemüht, die aufgegebenen Pflichten zu erfüllen.

Kreuzherren-Orden „Ordo Equestris Crucigerorum": Der 1984 neu konstituierte „Ordo Equestris Crucigerorum" (O.E.C., Kreuzherren-Orden) ist ein unabhängiger und weltlicher Militär-Hospital-Ritterorden und steht in der Tradition der Militärhospital- und Ritterorden, die im 12. und 13. Jahrhundert im Zusammenhang mit den Kreuzzügen unabhängig voneinander entstanden sind. In besonderer Verehrung des Heiligen Kreuzes stellt sich der Orden in den Dienst des Glaubens und der Hilfe der schwachen, kranken, verwundeten und hilfsbedürftigen Menschen. Im Laufe des 13. Jahrhunderts wirkte er in Österreich, Mähren, Böhmen, Polen, Schlesien und auch Belgien. Im Jahre 1233 war der Kreuzherrenorden in Prag als geistlicher Orden entstanden und wirkt heute noch als

„Ordo Sanctae Crucis" in Wien (O.S.C.); der 1211 in Huv (Belgien) gegründete Kreuzherrenorden des Heiligen Kreuzes (O.S.C.) arbeitet mit noch über 500 Mitgliedern in Belgien. Mitglieder dieses Kreuzherrenordens hatten zum Teil Kirchenämter, aber auch Professuren an Universitäten inne. Das aus der Tradition übernommene Ordenszeichen des „Ordo Equestris Crucigerorum" (O.E.C.) ist ein achtspitziges, karmesinrotes Tatzenkreuz mit goldenem Rand auf schwarzem Grund (Ordensmantel). Die Kreuzherren-Ordensritter bekennen sich zu den ethischen Werten, die Christentum und Abendland geformt haben, und vertreten sie nach innen und außen tatkräftig. Sie wirken karitativ in der Jugendfürsorge, unterstützend in Existenzgründungen rußlanddeutscher Familien, in der Ausstattung von Krankenhäusern Auslandsdeutscher und bemühen sich in Wort und Schrift um die „geistige Rüstung".

Der **Souveräne Internationale Templer-Orden** wurde 1118 gegründet und hat heute seinen Sitz in Bullas / Spanien, ganz in der Nähe der alten Templer-Burg von Caravaca, die in ihrer Kirche eines der großen Heiligtümer der Kirche, das Caravaca-Kreuz, birgt. Er ist der letzte überlebende Zweig des alten Templer-Ordens, der nach der unrechtmäßigen Verfolgung durch die französische Krone in den Jahren von 1307 bis 1314 mit seinen damals noch existierenden Komtureien in Spanien, Portugal und Zypern vorerst verdeckt weiterexistieren mußte und auch konnte, um seine Ritter und die Komtureivermögen nicht zu gefährden. So arbeiteten sie in Spanien unter dem Namen des Ordens von Montesa, in Portugal gründeten sie den Christus-Orden, und in Zypern waren sie von Stund an der Ordo Militaris Equitum Teutonicorum, dem sich auch einige Ritter des deutschen Ritterordens angeschlossen hatten.
Möglich wurden diese Umbenennungen jedoch nur durch die starke Unterstützung der jeweiligen Monarchen. Niemand konnte damals ahnen, dass dieser Zustand bis zum Beginn des dritten Jahrtausends anhalten sollte, denn erst zu diesem Zeit-

punkt stieß die italienische Historikerin Dr. Frale in den Archiven des Vatikan auf ein Schriftstück, in dem Papst Clemens V. die Unschuld der Templer bestätigte. Der Orden von Montesa und der Christus-Orden waren zwischenzeitlich untergegangen, aber der Ordo Militaris Equitum Teutonicorum existierte noch und nutzte im Jahr 2005 die gegebene Möglichkeit und nahm den alten und ehrbaren Namen der „Pauperes Commilitones Christi Templique Salomonis“ in einer feierlichen Zeremonie wieder an. Es war ein langer Weg gewesen, den der Orden gegangen war, von Jerusalem über Akkon, Zypern, Venedig, St. Petersburg, Ashburnham / England, Malta und Deutschland bis letztlich nach Bullas / Spanien, in das alte Kernland der Templer, in dem sie bereits zur Zeit der Reconquista Hervorragendes geleistet hatten. Ebenfalls nicht vergessen sein sollen ihre Dienste für die Republik Venedig und der persönliche Einsatz der vielen Ritter auf spanischer, russischer und preußischer Seite im Kampf gegen Napoleon.

Nicht zuletzt seiner Traditionspflege betreffs der ritterlichen Tugenden und seinem weltweiten karitativen Einsatz, der in vielen europäischen Ländern, aber auch in China, Kanada und Australien seinen Niederschlag findet, ist es zu verdanken, daß der einst so mächtige Orden im Jahr 2006 nicht nur seine Souveränität wieder anerkannt bekam, sondern mit Prinz Leandro Borbon Ruiz Austria, Infant von Spanien, auch ein ranghohes Mitglied der spanischen Königsfamilie aufnehmen konnte. Seiner militärischen Traditionspflege kommt der Orden in zahlreichen Kooperationen nach, u. a. mit der Garde der Reales Tercios in Madrid.

Zur Zeit bereitet der Orden die Eröffnung einer Ritterakademie vor, auf der Schulabgänger in den Fächern Philosophie, Staatsbürgerkunde und Religionswissenschaft ausgebildet und zu wertvollen Staatsbürgern erzogen werden sollen. Sie werden gleichzeitig darauf vorbereitet, ihren späteren Berufen bei Armee und Polizei sowie in Wirtschaft und Verwaltung gerecht zu werden.

Aus den wenigen Beispielen mag deutlich werden, in welch vielfältiger, eindrucksvoller, stiller und traditioneller Weise die zahlreichen Ritterorden auch in heutiger Zeit ihren unentbehrlichen Beitrag auf vielen Gebieten und in allen Teilen der Welt leisten. Ob „Deutscher Ritterorden St. Georg", „Heiliger Orthodoxer Orden des Allerheiligsten Kreuzes St. Konstantin des Großen", „Cordon Bleu du Saint Esprit", „Orden vom Stern und der Freundschaft", „Ordo Fratrum Petri et Pauli in Christo", „St. Hubertus Ritterorden", „Ordre Templier du Saint-Sauveur de Mont-Réal", „Erzherzog Eugen Orden des Deutschmeister Schützenkorps", „Orden der Schwertritter vom Livland", „Orden der Schwertbrüder vom Livland", „Abendlandorden vom Heiligen Martin", „Ordre Souverain et Militaire de la Milice du Saint Sépulchre", „Orden von der Eiche", „Byzantinische Ritter vom Heiligen Grab", „Orden von Castel Monte", „Danziger Orden der Barmherzigkeit", „Dobriner Ritterorden", „Vereinigung der deutschen Ritter vom Kreuz von Konstantinopel" (Ordre Souverain Militaire et Dynastique Chevaliers de la Croix de Constantinopel) und weiteren Ritterorden in unserer Zeit, die als Antwort auf die „Herausforderungen" (Toynbee) in schwierigen Zeiten entstanden sind und sich vielfältig der Nöte der Menschen annehmen, sie haben alle die historische Ordensidee und die bewährten Rittertugenden auf ihre Fahne geschrieben und wollen mit ritterlicher Glaubenskraft und Opferbereitschaft den Menschen und Völkern selbstlos dienen. Insofern gibt es zwischen dem Rittersein damals und heute wohl kaum einen Unterschied. Es handelt sich um zeitlos gültige Ritterlichkeit im Dienst am Menschen in zeitgemäßer Form! Getreu den Worten Prinz Eugens: „Du darfst nicht für Dich, sondern mußt für eine große Idee leben!"

(6) Ritter sein – um der Zukunft willen!

Ein ungewisses Gefühl, ein dumpfes Ahnen und zunehmende Angst beschleichen immer mehr den heutigen Menschen.

Nach den beiden Weltkriegen, in denen Millionen von Menschen ihr Leben, Heimat, Hab und Gut, Familie und Freunde, Hoffnung und Glauben verloren, hat sich dieses Umbringen und Zerstören seit 1945 in schon mehr als weiteren fast 200 Kriegen in aller Welt mit allen Folgen fortgesetzt, ohne daß ein Ende abzusehen wäre! Millionen von Menschen befinden sich weiterhin auf der Flucht. Vor den Augen der Welt wurden im ehemaligen Jugoslawien die Menschen erschossen, erschlagen, vergewaltigt, und man ließ es geschehen. Die Welt, Europa und alle ihre friedenssichernden Institutionen, aber auch die Demokratie versagten und verloren den Rest an Glaubwürdigkeit! Stehen nicht in Deutschland, in Europa, in der Welt die Zeichen auf Sturm, die Zeiger auf Alarm, müßten nicht die Glocken der Klöster, Kirchen, Schlösser, Burgen und Rathäuser Sturm läuten, um Wahnsinn und Unheil abzuwenden?! Das Versagen der Politiker läßt den Ruf nach Eliten immer mehr aufkommen. In diesem Zusammenhang ist bemerkenswert, daß Hans Joachim Schoeps in einer unverändert aktuell gebliebenen Schrift 1953 schon mit dem Titel die Frage stellt: „Kommt die Monarchie? Wege zu neuer Ordnung im Massenzeitalter"; in der Schriftenreihe des Deutschen Seminars München-Stuttgart 1968 ein Buch mit dem Titel „Rettung oder Untergang der Demokratie, Parteienoligarchie und demokratische Wirklichkeit" erschien, ein Thema, das 1983 von Jean-François Revel in seinem Buch „So enden die Demokratien" erneut aktualisiert wird. Wir befinden uns heute in einer Umbruchsphase, die Menschheit steht auf dem Prüfstand. Was in solchen Zeiten alles geschehen kann, haben uns E. M. Arndt, A. Stifter und F. F. von Unruh als Warnung hinterlassen:

- **Ernst Moritz Arndt (1769–1860):**

„Wenn sich die WELT zerstört, so fängt es so an:
Die Menschen werden zuerst treulos gegen die Heimat, treulos gegen die Vorfahren, treulos gegen das Vaterland. Sie werden

Helmzier und Wappen in Vielfalt der Formen und Farben waren weithin erkennbare „Personaldaten“ des Inhabers. Herolde als Kenner „entschlüsselten“ die Identität ihres Gegenübers mittels dieser und anderer Zeichen.

dann treulos gegen die guten Sitten, gegen die Nächsten, gegen das Weib und gegen das Kind."

- **Adalbert Stifter (1805–1868):**

„Untergehenden VÖLKERN verschwindet zuerst das Maß. Sie gehen nach einzelnem aus, sie werfen sich mit kurzen Blicken auf das Beschränkte und Unbedeutende, sie setzen das Bedingte über das Allgemeine; dann suchen sie den Genuß und das Sinnliche. Sie suchen Befriedigung ihres Hasses und Neides gegen den Nachbar. In ihrer Kunst wird das Einseitige geschildert, das nur von einem Standpunkt Gültige, dann das Zerfahrene, Unstimmende, Abenteuerliche, endlich das Sinnenreizende, Aufregende und zuletzt die Unsitte und das Laster. In der Religion sinkt das Innere zur bloßen Gestalt oder zur üppigen Schwärmerei herab. Der Unterschied zwischen Gut und Böse verliert sich. Der einzelne verachtet das Ganze und geht seiner Lust und seinem Verderben nach. So wird das Volk eine Beute seiner inneren Zerwirrung, oder die eines äußeren, wilderen, aber kräftigeren Feindes."

- **Friedrich Franz von Unruh (1893–1986):**

„Ich klage um DEUTSCHLAND, nicht weil es besiegt, zerstückt, entmachtet ist, ich klage, weil es sein Wesen preisgibt, weil es seine Seele verrät. Ich klage um Deutschland, weil es seine Herkunft vergißt, um jenes Deutschland, wo ein Wort noch ein Wort, Recht Recht, Treue Treue, Verrat Verrat war, wo Korruption fremd und Opportunismus verächtlich war. Wo Pflicht höher stand als Genuß. Ich klage nicht um ein erträumtes, nie dagewesenes Land, sondern ein miterlebtes, was im Kaiserreich, der Weimarer Republik und trotz allem im Dritten Reich und danach noch vorhanden war und erst jetzt, Jahr um Jahr, entschwindet."

Wir spüren im großen Zusammenhang das allmähliche Entschwinden einer geistlich-geistigen und kulturellen Werte- und Weltordnung, die durch eine sogenannte „Moderne

Welt", deren innere Halt- und Gehaltlosigkeit schon jetzt in allen Vorläufen erkennbar wird, ersetzt werden soll! Das Wörtchen „soll" ist mit Bedacht gewählt, weil im schleichenden Veränderungsprozeß mehr Lenkung als Zufall oder Notwendigkeit wahrzunehmen ist. Aus der Welt der Tradition, aus der die Ordensritterschaft Kenntnis vom sakralen Geistesleben der Antike und der Glaubenswelt des Mittelalters hat, weiß diese Ordensritterschaft um die zentrale Bedeutung transzendenter Werte, an denen sie jetzt schon die Seichtheit und Oberflächlichkeit und die den Menschen entwertende und entwurzelnde Tendenz der sogenannten „Modernen Welt" erkennen und messen kann. Die Ordensritterschaft ist aufgerufen, dieser Gefahr der Selbstzerstörung des Menschen in einer heraufziehenden „Modernen Welt" Paroli zu bieten, sie zu stoppen und zu verhindern!

In einer Zeit, in der Ehe und Familie und das werdende Leben auf das höchste bedroht sind, Schule und Hochschule und damit Erziehung und Bildung große Qualitätsverluste erlitten, Kirche als Institution erheblich an Glaubwürdigkeit und Mitgliedern eingebüßt hat und damit zum Glaubensschwund beitrug, Arbeits-, Leistungs- und Berufsethos verkommen und den sozialen Frieden gefährden, der Staat in Bund, Ländern und Gemeinden mittlerweile mit fast 2 Billionen Euro verschuldet ist und in Zusammenhang mit der Europapolitik ein dritter Währungsschnitt nicht auszuschließen ist, Volk, Heimat und Vaterland schon verpönte Begriffe sind, der Staat Bundesrepublik Deutschland abgeschafft und in der Europäischen Union samt „Euro" aufgehen soll und die für diese Entwicklung verantwortlichen Parteien für die Bürger kaum noch wählbar sind, was sich darin ausdrückt, daß bei Wahlen auch die Nichtwähler schon „größte Partei" geworden sind, die Verunsicherung sich auf allen Lebensfeldern unaufhörlich ausbreitet, in dieser Zeit können, sollen, müssen Ritterorden zu geistig-geistlichen Rettungsinseln, Fluchtburgen, Festungen, zu Hoffnungsträgern der Hilfe suchenden Menschen werden!

Was soll das heißen? Was ist zu tun? Hierzu einige Gedanken:

- Die Zeichen der Zeit stehen auf Sturm. Die Lage ist ernst. Wischt man die von Parteien und Medien aus schlechtem Gewissen produzierten Nebelschwaden beiseite, werden hinter Schönfärberei und ablenken sollenden „Brot- und Spiele"-Programmen Chaos und Abgrund sichtbar. Rettende Kräfte und neue Ufer kommen nirgends in den Blick. Die „Moderne Welt" mit ihrer den Menschen entwertenden, entwurzelnden und zerstörenden Tendenz strömt breit und ungehindert auf uns zu. Ein Blinder, der das nicht sieht!
- Ritterorden, Adelsbünde, Offizierskorps, Studentenverbindungen und konservative Persönlichkeiten aus staatstragenden Schichten und Zielgruppen sind herausgefordert und möglicherweise im Zusammenwirken einer Antwort fähig. Das Volk ist kopf- und führungslos geworden. Es spürt nur, daß etwas heranrollt, heraufzieht, in der Luft liegt und erwartet, hilflos und suchend umherblickend, Führung und Partnerschaft. Wer das nicht fühlt und weiß, lebt nicht in und mit dem Volk!
- Ritterorden, aus der Verbindung von Mönchtum und Rittertum entstanden, sind heute Traditionsverbände, die Ritterideal und Rittertugenden aus dem Mittelalter in die heutige Zeit übertragen, zum Vorbild nehmen und danach leben. Da die ehemals militärischen Aufgaben und Pflichten heute gegenstandslos geworden sind, liegt der neuzeitliche Wirkungsschwerpunkt dominierend und traditionsbestimmt auf der karitativen Ebene. Die Tätigkeitsberichte weisen es aus. Die Wahrnehmung der religionspädagogischen Aufgaben ist etwas zurückgetreten und nur vereinzelt gleichrangig betrieben; die geistig-politische Bildungsarbeit tritt kaum in Erscheinung. Das ist in heutiger Zeit ein gravierender Mangel!
- Ritterorden waren und sind auch Eliteverbände, sollten es zumindest sein. Ihre Mitglieder waren nicht nur gläubige

Christen und hilfreiche Samariter, sondern Ritter und Ritterorden waren auch staatstragend, dem Reich zuzuordnen, und hatten in ihrer Führung und in ihren Reihen hervorragende Diplomaten, Heer- und Staatsführer. So wurden Ritterorden auch staatsbildend, wie, um einige Beispiele zu nennen, die Ordensstaaten im Heiligen Land, auf Malta und in Preußen es ausweisen. Auch diese Seite der Wirklichkeit in der Existenz der Ritterorden gehört in die aus der Vergangenheit wiederzubelebenden Tradition. Die ritterlichen Tugenden können auch auf staatspolitischem Felde volle und vorbildliche Anwendung finden. Im Bereich der religionspädagogischen und karitativen Aufgabenfelder bleibt der Orden mehr oder weniger in der Rolle des „Objektes" in der Staatspolitik. Es kann ein entscheidender Friedensdienst sein, wenn der Ritterorden im staatspolitischen Bereich als „Subjekt" mitwirken kann. Es könnte eine Notwendigkeit werden! „Ritterakademien" könnten wieder die Bildungsstätten sein!

- Seit langer Zeit befinden sich die machtpolitischen Kräfte auf diesem Erdenrund in einer geistig-politischen Auseinandersetzung um die Zukunft dieser Welt. Einer aus anthropologischen Fundamenten entwickelten, jahrtausendealten spirituellen und kulturellen Welt- und Wertordnung, in der das Rittertum entstanden und in weiterentwickelter Form bis in unsere Zeit wirksam geblieben ist, steht heute eine im Aufbau befindliche, materialistisch ausgerichtete und dem fragwürdigen Fortschrittsglauben blind ergebene „Moderne Welt" gegenüber. Es kann den Ritterorden nicht gleichgültig sein, wie diese geistige Auseinandersetzung ausgeht. Es geht um Überleben oder Untergang. Nach A. J. Toynbee („Der Gang der Weltgeschichte") „gibt es bis auf wenige Ausnahmen keine Kulturen, die hingemordet wurden, sondern nur Kulturen, die Selbstmord begingen"! Bleibt die innere Kraft einer Kultur erhalten, kann sie sich behaupten und weiterentwickeln! Daher sollten die Ritterorden mehr innere Kraft und

auch mehr strukturelle, staatspolitische und personelle Voraussetzungen für den Kulturerhalt entwickeln. Die „Herausforderung" ist da, die „Antwort" muß um der Zukunft willen gegeben werden. Das Geistige muß gegenüber dem Materiellen wieder die Oberhand, den Vorrang gewinnen! Das ist die Aufgabe, eine heutige Ritteraufgabe!
Daher: Ritter sein – um der Zukunft willen !

(7) Literaturverzeichnis

1. Winzer, Fritz (Hrsg.): Kulturgeschichte Europas. Von der Antike bis zur Gegenwart. Georg Westermann Verlag, Braunschweig o.J., 752 S., 800 Abb., 5000 Reg. Hinweise.
2. Keen, Maurice: Das Rittertum. Rowohlt Taschenbuch GmbH, Reinbek 1991, 451 S., Abb.
3. Fleckenstein, Josef, und Manfred Hellmann (Hrsg.): Die geistlichen Ritterorden Europas. Vorträge und Forschungen, hrsg. v. Konstanzer AK. f. mittelalterliche Geschichte, Bd. XXVI., Jan Thorbecke Verlag, Sigmaringen 1980, 429 S.
4. Schwaiger, Georg (Hrsg.): Mönchtum, Orden, Klöster. Von den Anfängen bis zur Gegenwart. Ein Lexikon. Verlag C.H. Beck, 2. Aufl., München 1994, 483 S.
5. Grünenthal GmbH (Hrsg.), Ingrid Sievers (Red.): Deutsche Ritterorden in Vergangenheit und Gegenwart. Ztschr. „die waage", Bd. 32, Nr. 3/1993, Stolberg/Rhld. 1993, 136 S., Abb.
6. P. M. Perspektive, P. Moosleitner (Red.): Die Welt der Ritter. Ztschr., Neckarsulm 1992, 98 S., Abb.
7. Bradford, Ernle: Kreuz und Schwert. Der Johanniter/Malteser Ritterorden. Universitas Verlag, München 1983. 272 S., Abb.
8. Karmon, Yehuda: Die Johanniter und Malteser. Ritter und Samariter. Die Wandlungen des Ordens vom Heiligen Johannes. Verlag Georg D. W. Callwey GmbH + Co, München 1987. 211 S., Abb.
9. Ellert, Gerhard: Die Johanniter. Roman. Verlag Das Bergland-Buch, 2. Aufl., Salzburg 1986. 595 S.
10. Kramberg, H. G. (Red.), Hrsg.: Ordenskanzlei. Tempelherrenorden, Deutsches Priorat „non nobis", H. 4/6, 1986. Düsseldorf 1986. 121 S.
11. Campbell, G. H.: Die Tempelritter. Aufstieg und Verfall. Ernst Klett Verlag, Stuttgart 1938.
12. Zimmerling, Dieter: Der Deutsche Ritterorden. 3. Aufl., ECON-Verlag, Düsseldorf 1988, 344 S., Abb.
13. Tumler, Marian/Udo Arnold: Der Deutsche Orden. Von seinem Ursprung bis zur Gegenwart. Verlag Wissenschaftliches Archiv, Bonn-Bad Godesberg 1974. 109 S., Abb.

14. Tautorat, Hans-Georg: Schwarzes Kreuz auf weißem Mantel. Die Kulturleistung des Deutschen Ordens in Preußen. 2. Aufl., Staats- und Wirtschaftspolitische Gesellschaft e.V., NWZ-Verlag, Düsseldorf 1980. 208 S., Abb. (Schriftreihe: Dokumente, Analysen, Kommentare, Bd. 13).
15. Rurciman, Steven: Geschichte der Kreuzzüge. C.H. Beck'sche Verlagsbuchhandlung, Sonderausgabe, München 1989. 1338 S., Karten.
16. Zöllner, Walter: Geschichte der Kreuzzüge. 6. Aufl., VEB Deutscher Verlag der Wissenschaften. Berlin 1990. 224 S., 36 Abb., 2 Karten.
17. Pernoud, Régine: Die Kreuzzüge in Augenzeugenberichten. Karl Rauch Verlag, Düsseldorf 1961. 368 S.
18. Lehmann, Johannes: Die Kreuzfahrer. Abenteurer Gottes. Gondrom Verlag, Bindlach 1991. 432 S.
19. Rahr, Otto: Kreuzzug gegen den Gral. Verlag f. ganzh. Forsch. u. Kultur, 2. Aufl., Struckum 1989. 301 S.
20. H. Lincoln, M. Baigent, R. Leigh: Der Heilige Gral und seine Erben. Ursprung und Gegenwart eines geheimen Ordens. Sein Wissen und seine Macht. (Aus d. Englischen übertr.: Hans E. Hausner). Gondrom Verlag, Bindlach 1992. 466 S., Abb.
21. Brice, Martin: Burgen und Wehranlagen. Von der Antike bis Ende des 20. Jahrhunderts. Weltbild Verlag, Augsburg 1991. 192 S., Abb.
22. Schuchhardt, Carl: Die Burg im Wandel der Weltgeschichte. (Nachdruck von 1931) Aula-Verlag GmbH, Wiesbaden 1991. 350 S., Abb.
23. Meyer, Werner/Erich Lessing. Deutsche Ritter – Deutsche Burgen. Sonderausgabe, Orbis, Verlag für Publizistik, München 1990. 256 S., 90 Farbfotos, 150 s/w Abb.
24. Meyer, Werner: Den Freunden ein Schutz, den Feinden zum Trutz. Die Deutsche Burg. Verlag Wolfgang Weidlich, Frankfurt am Main 1963. 200 S., 48 mehrf. und 84 einfarbige Abb.
25. Clasen, Karl Heinz: Die mittelalterliche Kunst im Gebiete des Deutschordensstaates Preußen. 1. Band: Die Burgbauten. Verlag Wolfgang Weidlich. Reprints, Frankfurt am Main 1979 (Nachdruck von 1927). 240 S., 115 Abb., 31 Pläne.
26. Winnig, August: Der Deutsche Ritterorden und seine Burgen. Verlag Karl Robert Langewische, Königstein i. T. und Leipzig 1943. (Die Blauen Bücher) 111 S./105 Abb.
27. Evola, Julius: Revolte gegen die moderne Welt. 2. Aufl., Arun Verlag, Vilsbiburg 1993. 423 S.
28. Evola, Julius: Menschen inmitten Ruinen. Hohenrain-Verlag, Tübingen 1991. 406 S.
29. Kraut, Alfred/Erich, Hans: Rettung oder Untergang der Demokratie. Parteienoligarchie und demokratische Wirklichkeit. Selbstverlag d. Deutschen Seminars, Schr.R. „Wege zur Wirklichkeit", Bd. III., München-Stuttgart 1968. 175 S.
30. Revel, Jean-François (+ Branko Lazitch): So enden die Demokratien. 3. Aufl., R. Piper-Verlag, München 1984. 408 S.

31. Schoeps, Hans Joachim: Kommt die Monarchie? Wege zu neuer Ordnung im Massenzeitalter. Deutsch-Europäische Verlagsgesellschaft, Ulm/Donau 1953. 70 S.
32. Heydte, Friedrich August von der: Die Monarchie. Eine europäische Idee. Österreich vom Wiener Kongreß bis St. Germain. Amalthea Verlag, Wien-München 1993. 224 S.
33. Pieper, Josef: Tradition als Herausforderung. Aufsätze und Reden. Kösel-Verlag, München 1963. 347 S.
34. Weigelt, Klaus (Hrsg./K.-Adenauer-Stiftung). Werte, Leitbilder, Tugenden. Zur Erneuerung politischer Kultur. v. Hase + Köhler Verlag, Mainz 1985 (Studium zur politischen Bildung, Bd. 8). 526 S.
35. Hastedt, Heiner/Ekkehard Martens (Hrsg.): Ethik. Ein Grundkurs. rowohlts enzyklopädie re 538, Rowohlt Taschenbuch Verlag, Reinbek 1994. 335 S.
36. Steinvorth, Ulrich: Klassische und moderne Ethik. Grundlinien einer materialen Moraltheorie. rowohlts enzyklopädie re 505, Rowohlt Taschenbuch Verlag, Reinbek 1990. 222 S.
37. Thiele-Dohrmann, Klaus: Abschied vom Gewissen? Die allmähliche Auflösung unserer moralischen Instanz. Ernst Kabel Verlag, Hamburg 1991. 208 S.
38. Zöller, Josef 0.: Irrlehren der Gegenwart. Verlag A. Fromm, Osnabrück 1960. 136 S.
39. Röpke, Wilhelm: Torheiten der Zeit. Glock und Lutz Verlag, Nürnberg 1966. 171 S.
40. Schlee, Emil: Zeitgemäße Aufgaben eines modernen Ritterordens. In: Zeitschrift „Code" 1/1993.
41. Schlee, Emil: Rittertum heute. (Un)zeitgemäße Betrachtungen. In: Ztg. „Das Ostpreußenblatt", 4.12.1993.
42. Schwenteck, Bernd F.W.: Die Geschichte der Templer und des SOMET. Verlag Videel, Niebüll 2005. (Abb.-Anhang 56 S.), 271 S.

Seit der karolingischen Zeit sind „Mark/Marken" unter verstärktem militärischem Schutz stehende Grenzterritorien, die der Sicherung des Reichsgebietes dienten und die im Verlauf der Geschichte entlang der gesamten Ostgrenze entstanden. Das deutsche Ordensland war auch eine Art Grenzmark. Preußen kannte ebenfalls eine „Ostmarkenpolitik". Ein „Deutscher Ostmarkenverein" wurde am 3. 11. 1894 als „Verein zur Förderung des Deutschtums in den Ostmarken" gegründet (1934 aufgelöst). Der Deutsche Ordensritter hier als historisches Symbol.

Tugend und Ehre

Das christlich geprägte Mittelalter, das europäischer war als das Europa von heute, durchlitt ebenfalls, wie wir heute, Zeiten des Verfalls. Vor fast 900 Jahren, am 27. November 1095, beklagte Papst Urban II. auf dem Konzil in Clermont den moralischen Niedergang in seiner Zeit: Laien, die dem Wohlleben frönten, Priester, die mit Kirchengut feilschten, Raubritter, die den Gottesfrieden verletzten.
Heute, fast 900 Jahre danach, am Ende dieses Jahrtausends, spricht Papst Johannes Paul II. in der neuen Moral-Enzyklika „Veritatis splendor" („Glanz der Wahrheit") von der Notwendigkeit moralischen Handelns in Politik, Wirtschaft und Gesellschaft, von dem Vorrang der Ethik vor der Technik, dem Primat der Person vor den Dingen, der Überordnung des Geistes über die Materie.
Der Aufruf Papst Urban II. zur Befreiung des Heiligen Landes war gleichsam ein Aufruf zur Buße. Er leitete die Epoche der Kreuzzüge ein, einer Zeit tiefen Fühlens, starken Glaubens, gesteigerten christlich-europäischen Bewußtseins in einer zum Selbstopfer bereiten Welt. Aus Mönchtum und Rittertum entstanden damals geistliche Ritterorden, fügte sich das Gelübde der Mönche, in Armut, Keuschheit und Gehorsam zu leben, mit dem Standeselement der Ritter, dem Waffendienst, zu einer Kraft zusammen, die den Schutz der Pilger übernehmen und den Kampf für den Glauben führen konnte. Hier entstand eine Elite, die weniger ein Adel besonderen Blutes als ein Adel besonderer Verpflichtung und des Dienstes an der christlichen Gemeinschaft war. Die Ausstrahlung dieser Ordensethik war auch die tragende Kraft, die über Brandenburg-Preußen zur Gründung des Deutschen Reiches 1871 führte.
Es wird oft verkannt, in welch vielfältiger Weise Entwicklungen und Gestaltungen aus der Zeit des Mittelalters entschei-

denden und tragenden Einfluß auf Neuzeit und Gegenwart genommen haben. Was wäre unsere Zeit ohne die im Mittelalter institutionalisierten Universitäten, ohne die zu 80% im Mittelalter gegründeten Städte, ohne die aus der Kraft des Glaubens entstandenen Klöster, Kirchen und Dome? Diese Zeit war auch der Humusboden für die Ritterorden und ihre Burgen jener Kreuzzugsepoche und der Wurzelboden für die in dieser Tradition noch weiterwirkenden Ritterorden unserer Tage. Ähnliches gilt ebenso für den Adel und für die zahlreichen studentischen Corps, Korporationen, Landsmannschaften und sonstigen Verbindungen sowie für alle Zünfte.
Was aber trotz Nachlassens der politischen Bedeutung des allgemeinen Rittertums bis in die Gegenwart geblieben ist, das ist das Ritterideal, die höfische Form der Ritterlichkeit im Umgang der Menschen miteinander, das sind die ritterlichen Tugenden als Lebensgrundlage der Menschheit. Diese ritterlichen Tugenden sind ein bedeutendes europäisches Kulturerbe und Kulturvermächtnis des Rittertums aus dem hohen und späten Mittelalter, das die gegenwärtigen Ritterorden in Pflege ihrer Tradition bis in unsere Zeit getragen haben. Mut und Ehre, Treue und Tapferkeit, Pflicht und Glaubensstärke, Gerechtigkeit und Selbstdisziplin, Ritterlichkeit, Hilfsbereitschaft und Freigebigkeit waren und sind gefordert und vorzuleben. Es ist nicht die Übereinstimmung in den Meinungen, sondern die Übereinstimmung in den tugendhaften Handlungen, welche die Welt ruhig und glücklich macht, so Lessing. Und mit Kant ist zu sagen: „Tugend ist moralische Stärke in Befolgung seiner Pflicht, die niemals zur Gewohnheit werden, sondern immer ganz neu und ursprünglich aus der Denkungsart hervorgehen soll.“ Tugendlehren waren seit je Grundformen, in denen versucht wurde, Aussagen über den Menschen zu machen, wie er sein soll!
Ein wichtiges Vermächtnis, das das Rittertum späteren Zeiten hinterließ, war seine Auffassung von Ehre. Ehre, so meinte

man, bringe die Menschen dazu, im Sinne der Tugendlehre zu leben und zu handeln!
Die Ehre war ein Gut, das höherwertiger als das Leben einzuschätzen war, so, wie es Juvenal schon am Anfang unserer Zeitrechnung in dem Satz zum Ausdruck brachte. „Seht es als größte Sünde an, das Überleben der Ehre vorzuziehen!" Der Begriff Ehre wurde zu einer mächtigen Triebfeder der Geschichte, blieb durch fast zwei Jahrtausende ein weitgehend unveränderter moralisch-sittlicher Wert. Noch Schiller schrieb: „Nichtswürdig die Nation, die nicht ihr Alles freudig setzt an ihre Ehre!" Welch ein tiefer Fall, wenn man sich heute möglicherweise nur noch auf Cocktail-Parties „die Ehre" gibt!
Die geistige Krise unserer Zeit hat ihre tiefen Wurzeln darin, daß den Menschen unserer Epoche weitgehend der feste Grund ihres Lebens entglitten ist. Wer nicht mehr an das Ewige glaubt, der kennt nicht mehr Gut und Böse, sondern nur noch das Begriffspaar nützlich und schädlich als Maßstab für das eigene Ich. Gut und Böse sind Vokabeln, die erst im Bereich des Transzendenten ihre absolute Bedeutung bekommen. Wer zur Bibel greift und darin liest, der findet dort auch die Tugendlehren des mittelalterlichen Rittertums, der Ritterorden der Kreuzzugsepoche. Wer kennt nicht das Gloria in Excelsis Deo „Ehre seit Gott in der Höhe und Frieden auf Erden den Menschen seiner Gnade". Man lese im Briefe des heiligen Apostels Paulus an die Römer „Die Grundzüge der christlichen Lebensführung" und darin auch die Aufforderung, „paßt euch dieser Welt nicht an, sondern gestaltet euch um durch die Erneuerung der Gesinnung, damit ihr prüft, was der Wille Gottes ist, nämlich das Gute, Wohlgefällige und Vollkommene". Und hier im Vorspann das Wort „Ihm sei Ehre in Ewigkeit" sowie, gleichfalls den Brief beschließend, „dem allein weisen Gott, ihm sei Ehre und Herrlichkeit durch Jesus Christus von Ewigkeit zu Ewigkeit. Amen"! In den Büchern, Evangelien und Briefen der Bibel tauchen in vielfältiger Weise und über das gesamte Werk ver-

teilt die uns bekannten Tugenden auf, alleine der Begriff der Ehre an über 100 Stellen. Der Ordensritter weiß, daß das Absolute und Ewige wieder das Leben bestimmen und die Würde des Menschen zum Leuchten bringen muß, sonst bleibt alles Reden um Menschenwürde und Kultur ein bloßes Gerede ohne einen letzten Grund!

Ritterorden in unserer Zeit sind auch Traditionsverbände. Sie wollen Ritterideal und Rittertugenden aus der hohen Zeit ihrer Entstehung, Bewährung und weitergehenden Leistungen in unsere Zeit hineintragen, auch wissend im Sinne Ciceros „Ehre ist der Tugend Lohn"! Diese Ritterorden heutiger Zeit leisten im Geiste ihrer Tugenden in zurückhaltender Bescheidenheit weltweit schon mehr, als sich die sensationslüstern gehaltene Öffentlichkeit vorzustellen vermag. Sie haben vor allem das karitative Element ihrer Tradition neu entfaltet und vorbildlich gestaltet. Daß diese karitative Tradition eine für alle Zeit geltende Aufgabe sein und bleiben wird, hat schon der Meister und Vorsteher der Bruderschaft der Hospitaliter und Gründer des Johanniterordens, Frà Gerard (Bruder Gerhard), in überzeugender Weise mit den Worten festgestellt: „Unsere Brüderschaft wird unvergänglich sein, weil der Boden, in dem die Pflanze wurzelt, das Elend dieser Welt ist und weil, so Gott will, es immer Menschen geben wird, die daran arbeiten wollen, dieses Leid geringer, dieses Elend erträglicher zu machen!" Dem ist sicherlich zuzustimmen, auch in der Beschreibung von Robert Dauber vom Malteser Hospitaldienst Austria in Wien, der die Umstellung in der Arbeit des Ordens von der Zeit des Mittelalters in die Gegenwart bildhaft so erklärt: „Die Festungen des Ordens sind heute seinen Krankenhäusern, die berühmte Flotte des Ordens seiner Flotte von Krankenwagen, die militärischen Ritter von einst sind seinen ritterlichen Kämpfern gegen das Elend in dieser Welt, die Rüstungen den Krankenpflegerkleidungen gewichen!"

Doch hier stellt sich die Frage: Hat das Elend in dieser Welt nur eine physische Seite; gibt es nicht auch ein geistiges Elend auf dieser Welt, das zum Teil Verursacher des physischen Elends ist?! Kann man das mit Krankenhäusern, Krankenwagen und Krankenpflegern aus der Welt schaffen?! Umfaßt der Tugendkatalog in der Tradition der Ritterorden nicht ein viel größeres Feld der Mitverantwortung für das Leben auf dieser Welt?! Sind Ritterorden in dieser Zeit unter Wahrung und Wahrnehmung ihrer traditionellen Tugenden nicht konsequenterweise auch Eliteverbände? Müssen sie sich nicht auch den bildungspolitischen und staatspolitischen Aufgaben stellen und mit ihren besten Kräften zur Verfügung stehen?! Schon der heilige Paulus verlangt in seinem Brief an die Epheser „Die geistliche Waffenrüstung": „Werdet stark im Herrn und in seiner gewaltigen Kraft. Legt die volle Waffenrüstung Gottes an, damit ihr den Nachstellungen des Teufels widerstehen könnet . . .: Eure Lenden umgürtet mit der Wahrheit, angetan mit dem Panzer der Gerechtigkeit, beschuht an den Füßen mit der Bereitschaft für das Evangelium des Friedens. Zu alledem ergreift den Schild des Glaubens, mit dem ihr alle feurigen Pfeile des Bösen auslöschen könnt. Nehmt den Helm des Heiles und das Schwert des Geistes, nämlich das Wort Gottes!" Könnte dieser Paulus-Brief nicht aktuell auch an die Ordensritter von heute gerichtet sein?! Der Referent hat an anderer Stelle ähnlich argumentiert und festgestellt, daß der „militärische Geleitschutz" für die christlichen Pilger in damaliger Zeit heute durch einen „geistigen Geleitschutz" für den Menschen auf seinem Wege in eine ungewisse Zukunft abzulösen ist, daß die „Ritterrüstung" heute in eine „geistige Rüstung" verwandelt werden muß, die „metallenen Waffen" heute zu mit Herz und Verstand geführten „geistigen Waffen" werden müssen. Und die „Hospitäler für die Kranken und Verwundeten der Kreuzzüge" von ehemals heute die „Lehr- und Bildungsstätten" für die zahlreichen „Geistig-Fußkranken" und „Seelisch-Verwundeten" unserer Zeit sein sollten.

Es gehört ebenfalls zur glorreichen Tradition der Ritterorden, daß ihre Mitglieder nicht nur gläubige Christen und hilfreiche Samariter waren, sondern sie hatten in ihrer Führung und in ihren Reihen auch hervorragende Diplomaten, Heer- und Staatsführer. Ritterorden waren nicht nur staatstragend, sondern auch staatsbildend, wie es die Ordensstaaten im Heiligen Land, auf Malta und in Preußen sowie an anderer Stelle ausweisen. Auch diese Seite der Wirklichkeit in der Existenz der Ritterorden gehört in die aus der Vergangenheit wiederzubelebende Tradition. Im Bereich der religionspädagogischen und karitativen Aufgabenfelder heutiger Zeit bleibt der Orden stets in der Rolle des „Objekts" in der Staatspolitik. Es könnte aber in den Wirren unserer Zeit sehr schnell geboten sein, daß Ritterorden als „Subjekt" in der Staatspolitik zur Mitwirkung aufgerufen werden. Solche Visionen schließen auch ein, daß im Laufe dieser Zeiten Ritterorden und Adelsverbände, Studentische Korporationen und Reserveoffiziersverbände sowie konservative Persönlichkeiten aus staatstragenden Schichten und Zielgruppen in Kontakt treten und Verbindung suchen.
Neben dem Bau von Krankenhäusern und Sozialeinrichtungen, wie sie vor allem von den traditionsreichen und großen Ritterorden erstellt und betreut werden, sollten auch wieder traditionelle Bildungsstätten eingerichtet werden, wie sie einmal vom 16. bis zum 19. Jahrhundert in Gestalt der „Ritterakademien" zur Vorbereitung junger Adliger für den Heeres-, Hof- und Staatsdienst bestanden haben, später in Gymnasien oder Kadettenanstalten umgewandelt wurden oder in Universitäten aufgingen. Solche Ritterakademien waren zu jener Zeit in Tübingen (1589), Kassel (1599/1709), Kolberg (1653), Lüneburg (1655), Halle/Saale (1680), Wolfenbüttel (1687), Erlangen (1699), Brandenburg/Havel (1704), Berlin (1705), Liegnitz (1708), Ettal (1711), Hildburghausen (1714), Dresden (1725), Braunschweig (1745) und Wien (1746) eingerichtet worden.

In der Zeit des damals in Europa herrschenden Feudal-Prinzips waren Reiter, Ritter und Adliger im begrifflichen Sinne identisch, war die Zugehörigkeit der Ordensmitglieder zum Adel eine Selbstverständlichkeit. Dieser Grundsatz herrschte über 800 Jahre vor und wurde erst im 20. Jahrhundert, das heißt, nach dem Zweiten Weltkrieg aufgehoben, als auch alle Adelstitel in der Bundesrepublik Deutschland abgeschafft und Bestandteil des Familiennamens wurden. Als Grundbedingung für die Aufnahme in den Orden heutiger Zeit wurde nun nicht mehr der Namensadel, sondern das persönliche, adlige, ritterliche und religiös bestimmte Verhalten des Anwärters gefordert. Der Ritterorden bleibt eine große und strenge Gemeinschaft mit starker Integrationskraft, von opferbereiten und tugendverpflichteten Rittern getragen, die um der Ehre, Tradition und Zukunft willen für eine große Idee leben. Groß bleibt auch der Entwicklungs- und Handlungsspielraum der Ritterorden für eine zeitgemäße Ausformung ihrer ehrwürdigen Traditionen zur mitgestaltenden Kraft für eine stabilere Zukunft auch im Zusammenwirken mit anderen staatstragenden Verbänden. Und hierzu abschließend noch ein aktueller und ermutigender Hinweis für ein solches Zusammenwirken mit einem staatstragenden Verband aus traditioneller Verbundenheit.
Ende September 1994 traf der Europäische Adelsverband CILANE zu einer gemeinsamen Tagung in Dresden zusammen. Der Präsident der Vereinigung der Deutschen Adelsverbände, Sieghard Prinz von Schoenaich-Carolath, ein gebürtiger Schlesier, hielt am 30. September 1994 eine Begrüßungs-, Eröffnungs- und Einführungsansprache von grundsätzlicher Bedeutung. Hier einige Ausführungen aus dem Schlußteil dieser richtungsweisenden Ansprache, die auch für Ordensritter von Interesse sind:
„Adel stand immer zwischen Herrscher und Volk. Er begrenzte die Macht der Herrscher und war dadurch immer Garant eines sonst nicht möglichen Maßes an Freiheit für das Volk.

Erst wo die unabhängige, zwischen Herrscher und Volk vermittelnde Führungsschicht beseitigt wird, wird totalitäre Herrschaft möglich. Adel ist, wenngleich er immer wieder wegdiskutiert wird, auch heute in ganz Europa noch die Schicht, die sich als Mahner zu Worte melden kann, wenn es notwendig wird . . .
Adel war über Jahrhunderte immer eine konservative Gruppe und im recht verstandenen Sinne von konservativ daher stets progressiv! . . . Adel ist nicht verbraucht, sondern wird mehr denn je gebraucht! Das muß man spüren! . . . Der Adel Europas hat eine große Gemeinsamkeit in der Verteidigung der christlichen Werte und als kulturtragende Schicht in den Nationen. Wir müssen uns dieser Gemeinsamkeit mehr bewußt werden, um gegebenenfalls geschlossen handeln zu können! Es wird dies zur Verpflichtung um der Menschen willen, mit denen wir und künftige Generationen überleben und zusammenleben wollen. Das Zusammenleben der Völker in Europa . . . kann sich nur dann positiv entwickeln, wenn die vergessenen Werte der Ritterlichkeit, die ritterlichen Tugenden der Ehre, des Maßhaltens, der Beständigkeit und der Treue Eingang in weite Bevölkerungsteile finden. Diese geistigen Werte vorbildlich zu verlebendigen und zu verkünden, bleibt eine wichtige Aufgabe des europäischen Adels. . . .
Um dieser Werte und der Menschen willen bitte ich, von manchen Passionen zu lassen und lieber die geistige Lanze des Heiligen Georg zu ergreifen! Ich beschwöre den Schutzpatron der Ritter, der Ostkirche sowie der Bauern in Europa! Wenn auf unserem Kontinent der Kampf gegen den Drachen jemals notwendig war, dann hier und heute! Ich erhebe mein Glas und trinke mit Ihnen auf die alten Tugenden der europäischen Ritterlichkeit!"

Tugend und Ehre uns niemand verwehre!

- Im Sinne des Mönches Martin Luther: „Ich kann nicht anders, hier stehe ich, Gott helfe mir. Amen!"

- Im Sinne des Ritters Ulrich von Hutten: „Ich hab's gewagt mit Sinnen."
- Und als Ordensritter im Namen aller: Ritter sein – um der Tugend, der Ehre, der Zukunft willen!

Martin Luther

Ulrich von Hutten

Disputation zwischen Luther und Kardinal Cajetan (Holzschnitt, 1557)

Hermann von Salza

Aufrecht und standhaft
– sincere et constanter –

(1) Rittertum, Tugenden und der Ordensritter in unserer Zeit

Das Rittertum im hohen und späten Mittelalter war eine übergreifende Erscheinung der Kultur- und Lebensformen damaliger Zeit. Das Leitbild orientierte sich an dem der Ehre verpflichteten, tüchtigen und wohlerzogenen Menschen, an seiner Ritterlichkeit. Die unter diesem Begriff verstandenen ritterlichen Tugenden in Verbindung mit den höfischen Umgangsformen blieben auch nach Niedergang der allgemeinen Bedeutung des Rittertums durch die Zeiten bis in die Gegenwart erzieherische Ideale und Vorbilder. Sie sind im Rahmen der entwickelten abendländischen Tugendlehren, ob in Form der Zehn Gebote in der Heiligen Schrift, der Kardinaltugenden des Thomas von Aquin, der ritterlichen Tugenden als Bekenntnis der Ordensritterschaften, der preußischen Tugenden als Grundlagen geordneten und ordentlichen Lebens in Volk und Staat oder der Grundrechte im Grundgesetz unserer Republik, zu sehen und zu verstehen und stellen ein bedeutendes europäisches Kulturerbe und Kulturvermächtnis dar, das es zu bewahren gilt.
Der Grundbegriff aller lebendigen Sitte und höchstes Ritterideal ist die Ehre. Alles andere – Klugheit, Gerechtigkeit, Tapferkeit, Standhaftigkeit, Aufrichtigkeit, Charakterfestigkeit, Treue, Selbstbeherrschung, Maß, Zucht, Entschlossenheit und mehr – liegen darin eingeschlossen. Die Ehre verpflichtet zur Sittlichkeit, Humanität, Ritterlichkeit. Diese der Ehre verpflichtete Ritterlichkeit steht wie eine feste Burg auf überragendem Berg, wie ein aufrechter und standhafter Baum in sturmbewegter Landschaft, tief und breit verwurzelt – wie die

Ritterlichkeit in der Vielfalt der Tugenden als gleichnishaftes Wurzelwerk fest verankert ist. So aufrecht und standhaft wie der Baum mit seiner herrlichen Krone dank seines tief und breit entwickelten Wurzelwerks und der Kraft und Festigkeit seines Stammes und der geschmeidigen Biegsamkeit und Beweglichkeit seines Geästes in der Krone in der Landschaft stehen kann, so aufrecht und standhaft, verwurzelt und beweglich, der Ehre verpflichtet und der Treue ergeben, soll der Ritter der Gegenwart im Sturm der Zeit im Lande, in seinem Vaterlande, stehen und, mit den Waffen des Geistes, der Kraft seines Verstandes, der Mächtigkeit seines Glaubens und Herzens und der Liebe zu allem Kreatürlichen gewappnet und gerüstet, den Kampf für das Gute in dieser Welt bestehen können!

(2) Sinnverwandte Ausdrücke – alle haben existentielle Bedeutung

Unübersehbar gewahren wir bei solcher gleichnishaften Betrachtung der Vielfalt und des Beziehungsgeflechts aller Tugenden untereinander, daß die hier und heute in den Blick genommenen Tugendbegriffe „aufrecht und standhaft" gar keine so unbedeutende Rolle spielen, wie vielleicht in der ersten flüchtigen Zuwendung angenommen! Unsere Sprache läßt in der Vielfalt und Verflochtenheit sinnverwandter Wörter erkennen, daß es im Sinne Goethes nichts Unbedeutendes gibt, sondern daß es nur darauf ankommt, von welchem Standort aus man die Dinge betrachtet.
So kann man unter „aufrecht" auch gerade, stark, fest, stolz, ehrlich, wahrhaftig, ehrsam, ehrsinnig, anständig, unbeugsam, charakterfest und standhaft verstehen. „Aufrecht" kann auch „aufrichtig" bedeuten und Wörter wie ehrlich, echt, klar, offenherzig, rechtschaffen, vertrauenswürdig, wahrhaft, zuverlässig, unverfälscht, freimütig, rückhaltlos, redlich, unver-

stellt, ohne Falsch, bündig und erbaulich im Gefolge haben. Ebenso verhält es sich mit „standhaft“ im Sinne von aufrecht, felsenfest, beherrscht, hart, tapfer, ausharrend oder mit „standhalten“ im Sinne von abwehren, aushalten, ausstehen, bestehen, durchhalten, parieren oder verteidigen. Und nehmen wir „Standhaftigkeit“, dann lassen sich damit Beständigkeit, Courage, Beharrlichkeit, Entschlossenheit, Haltung, Fassung oder auch Wille verbinden. Und jeder Begriff erhält je nach Standort und Blickwinkel der Betrachtung, je nach Lage, Anforderung oder Herausforderung seine besondere Bedeutung, seine Hervorhebung, Rolle und Bewährung.
Schon bei der Betrachtung sinnverwandter Ausdrücke wurde deutlich, daß „aufrecht und standhaft“ in besonderer Weise synonyme Wörter sind wie zum Beispiel „Frühjahr, Frühling und Lenz“. Sie sind auswechselbar, können füreinander stehen. Und noch eine Bedeutung sollte hierbei bedacht werden. „Bewegung“ als Begriff muß in Bezug auf den Menschen dreifach verstanden werden: Der Mensch „bewegt“ sich selbst, er kann äußerlich konkret „bewegt werden“, aber auch innerlich „bewegt sein“! Das gilt auch für „aufrecht und standhaft“. Der Mensch kann äußerlich aufrecht standhaft stehen, er kann trotz Sturm und Drang aufrecht standhaft stehenbleiben und er kann aufrecht standhaft stehenbleiben wollen! Gemeint sind also Anlage, Fähigkeit und Wollen des Menschen im umfassenden Sinne des Wortes zum aufrechten und standhaften Stehen! Also: Anlage ist vorhanden, Fähigkeit ist durch Übung zu entwickeln und der Wille, das Wollen, ist ein Vorgang der Erziehung und Bildung.

(3) Betrachtungen und Gedanken zu „aufrecht und standhaft"

Den Gedanken von Goethe, „es bildet ein Talent sich in der Stille, sich ein Charakter in dem Strom der Welt", kann man mit Herder in dem Sinne fortführen. „Auf Charakter kommt es bei unserer Existenz am meisten an, nicht auf vermehrte Kenntnisse und Wissenschaften. Diese sind feiner geschliffene Werkzeuge, mit denen viel Gutes, aber auch viel Unnützes und Schädliches geschehen kann; es kommt auf die Hand an, die sie führt. . . . Überhaupt hält uns unsere Brust, unser Charakter viel mehr und länger aufrecht empor als alle Spitzfindigkeit des Kopfes." Diesterweg unterstützt diese Gedanken von Herder über die vorrangige Bedeutung des Charakters für unser Leben mit den Worten: „Die Kraft des Charakters läßt sich durch nichts ersetzen, weder durch Beten noch durch Singen, weder durch Geduld noch durch Demut, ja nicht einmal durch die Blüte des Lebens im Gemüt, die Frömmigkeit selbst!" „Charakter-haben" bedeutet im Griechischen etwas schon im Menschen Angelegtes, Eingegrabenes und bezeichnet die vorgeprägte Individualität eines Menschen. Aufrecht und standhaft zu sein, ist schon eine „Charaktersache".

Bezüglich der Standhaftigkeit schrieb 1809 der berühmte Heeresreformer und preußische Heerführer Neidhardt von Gneisenau in einem Brief an seine Frau den bemerkenswerten Rat: „Waffne dich mit Standhaftigkeit gegen Unruhe und Besorgnisse und präge den Kindern ja recht tief ein, welche Schicksale ihnen bevorstehen können, damit sie sich daran gewöhnen, dem Unglück ins Auge zu sehen und ihre Wünsche mehr auf innere Kultur als äußeren Wohlstand zu richten. Letzterer ist so vergänglich, und nur die innere Kultur begleitet durch das Leben." Seine Auffassung unterstreicht er 1818 nochmals in einem Brief mit den Worten: „Nichts sich abtrotzen lassen, weder durch Tumult noch durch hämische, verunglimpfende Schriften, das bleibt mein Grundsatz, wie er es stets gewesen. Läßt man sich hier durch Schwäche verleiten, so begibt man sich auf eine steile Fläche im schnellen und immer schnelleren Lauf hinab und man stürzt endlich in den Abgrund!"

Die besondere Bedeutung des Standhaltens unterstrich auch der Philosoph Josef Pieper, der von 1946 bis 1976 in Münster lehrte und in seiner Schrift „Vom Sinn der Tapferkeit" (1951) den Gedanken äußerte: „Das Machtgefüge dieser Welt ist von solcher Struktur, daß standhalten, und nicht zorniger Angriff, die letztentscheidende Probe eigentlicher Tapferkeit ist, deren Wesen ja in nichts anderem besteht als darin: im Angesicht von Verwundung und Tod, nicht beirrt zu irgendeinem Zugeständnis, das Gute zu lieben und zu verwirklichen." Es geht ihm dabei nicht nur um das Standhalten, sondern auch um das Maßhalten, denn, so Pieper, „echte Tapferkeit setzt eine richtige Einschätzung der Dinge voraus: sowohl derer, die man ‚riskiert', als auch derer, die man durch den Einsatz zu bewahren oder zu gewinnen hofft." Das meinte auch der Erzbischof von Cambrai, François de Fénelon, um 1700 in seinem Erziehungsroman „Telemach": „Tapferkeit ist nur dann eine Tugend, wenn sie von der Klugheit bedingt ist. Andernfalls ist sie eine sinnlose Verachtung des Lebens. . . . Nur der verdient den Namen des Weisen und Edlen, der alle Gefahren, die ihn bedrohen, erkennt, diejenigen vermeidet, die er umgehen kann, und den übrigen trotzt, ohne vor ihnen zu erzittern."

Bemerkenswert in diesem Zusammenhang der aufmunternde Hinweis in der altgermanischen „Edda": „Dem Kühnen glückt's besser als dem Nichtkühnen, seinen Mann zu stehen im Streit. Dem Frohen glückt besser als dem Unfröhlichen, was zur Hand ihm kömmt!" Auch Martin Luther rät: „Kein Leiden und Gedränge und Tod kann überwunden werden mit Untugend, Flucht und Trostsuchen, sondern allein damit, daß man fest steht und ausharrt, ja, dem Unglück und Tod kühn entgegengeht. Denn wahr ist das Sprichtwort: ‚Wer sich vor der Hölle fürchtet, der fährt hinein!' Darum muß man frei und mutig in allen Dingen sein und fest stehn!" In seiner „Summa theologica II" führte hierzu auch Thomas von Aquin, der Dominikaner und scholastische Denker, aus: „Das vornehmlichere Werk der Tapferkeit, vornehmlicher denn Angreifen, ist Standhalten!" Auch Caesar meint im 7. Buch von „Der Gallische Krieg": „Menschen, die sich aus freien Stücken in den Tod stürzen, sind leichter zu finden, als die in Leiden geduldig ausharren!" Ebenso Homer in seiner „Ilias I": „Habe Geduld, und auch im Kummer sei standhaft!" In der Bilanz ist deutlich erkennbar, welch hoher Wert dem „Aufrecht und Standhalten" zugemessen wird.

(4) Geistige Rüstung für die Standhaftigkeit im Leben

Will der heutige Ritterorden eine große und geschlossene Gemeinschaft mit Anziehungskraft auf vor allem junge Menschen bleiben, muß er von tugendverpflichteten und opferbereiten Rittern getragen werden, die nicht allein für sich, sondern vor allem für eine große Idee leben wollen. Das setzt geistige Rüstung voraus, weil ohne Kennen kein Können möglich ist. Leben bedeutet auch Lernen, ein Lernen bis zum Ende des Lebens. Ein Ritterorden ist kein Verein oder eine Partei; Organisationen also, in denen zumeist Vorstände zwangsläufig die Aktiven und Mitglieder oftmals die Passiven sind. Auch für den Ritterorden und für jeden einzelnen Ritter muß der jedem Ritter bekannte und geläufige Appell gelten: „Und handeln sollst Du so, als hinge von Dir und Deinem Tun allein das Schicksal ab der deutschen Dinge und die Verantwortung wär Dein!" (Albert Matthäi)

Und wie der Kampf um eine freiheitliche Zukunft zu führen ist, das hat uns Schiller schon in seinem Fragment „Deutsche

Größe" mit auf den Weg gegeben. Es soll hier nochmals in Erinnerung gerufen werden:

„Das ist nicht des Deutschen Größe, obzusiegen mit dem Schwert,
In das Geisterreich zu dringen, um Erhabenheit zu ringen,
Vorurteile zu besiegen, männlich mit dem Wahn zu kriegen,
das ist seines Eifers wert.
Höhern Sieg hat der errungen, der der Wahrheit Blitz geschwungen, der die Geister selbst befreit; Freiheit der Vernunft erfechten,
heißt für alle Völker rechten, gilt für alle ew'ge Zeit."

Wir können es uns in dieser Zeit nicht leisten, „Ritter von trauriger Gestalt" zu sein! Es ist auch nicht angemessen, ein einseitiges und von der Außenwelt abgeschirmtes Ritterordenleben zu führen! Wir alle sind Angehörige eines Volkes und Bürger eines Staates, die sich für die Zukunft noch die volle Freiheit erkämpfen müssen. Der Ritterorden ist eine Gemeinschaft, die in vielfältiger Form im Dienste der Menschen zu stehen hat, Verantwortung trägt, prägt, vielseitig aktiv und erzieherisch und bildend tätig sein muß – nach innen und außen! Insofern müssen Ritterorden vielseitig, breit, kämpferisch, pädagogisch und standhaft dem heute dominierend negativ wirkenden Zeitgeist begegnen. Die ritterlichen Tugenden sind zur Verwirklichung im Leben auffordernde Ideale. Diese im täglichen Leben, auf Konventen und Kapitelfesten zu erfüllen, ist auch unsere Aufgabe! In der alten und ehrwürdigen St.-Pauls-Kirche in Baltimore steht unter anderem seit 1692 zu lesen: „Stärke die Kraft des Geistes, damit sie dich in plötzlich hereinbrechendem Unglück schütze!" Haben wir im Sinne Kants den Mut, uns des Verstandes zu bedienen und nach den ritterlichen Tugenden zu leben und zu wirken – dann brauchen wir die Zukunft nicht zu fürchten!

Einigkeit macht stark!

Freundschaft, Kameradschaft, Treue und Vertrauen als Tugenden im Leben moderner Ritterorden

(1) Das Rittertum

Das Rittertum war im hohen und späten Mittelalter eine bedeutungsvolle abendländische Erscheinung und gestaltende politische Kraft, entwickelte während der Kreuzzugsepoche (1096–1291) seine höchste Entfaltung und Wirkung und war Ausdruck der Gesamtheit der ritterlichen Kultur und Lebensformen. In jener Zeit tiefen Fühlens, starken Glaubens und gesteigerten christlich-europäischen Bewußtseins entstanden als Antwort auf die mit den Kreuzzügen sich ergebenden Herausforderungen die geistlichen Ritterorden als eine Verbindung von Mönchtum und Rittertum, die das Gelübde der Mönchsorden, in Armut, Keuschheit und Gehorsam zu leben, verbanden mit dem Waffendienst, um zum Kampfe für den Glauben, zum Schutze der Pilger und zur Hilfe für die Armen und Verletzten fähig zu sein. Diese geistlichen Ritterorden stellten die geschlossenste und kompromißloseste Form menschlicher Gemeinschaft mit der stärksten Integrationskraft dar und erreichten ihre Einsatzfähigkeit durch die unlösbare Lebenseinheit von Regel, Verpflichtung, Opfer und Gemeinschaft.

(2) Die ritterlichen Tugenden

Der Hintergrund hierfür waren die ritterlichen Tugenden in höchster Bewährung wie Mut und Ehre, Treue und Tapferkeit, Pflicht und Glaubensstärke, Gerechtigkeit und Selbstdisziplin,

Ritterlichkeit, Hilfsbereitschaft und Opferfähigkeit eines jeden Ritters und seines gesamten Ritterordens! Diese Prüfungen waren nur zu bestehen im menschlichen Zueinander, Untereinander und Miteinander und durch starke Führung in der Ordensgemeinschaft. Hier war im Sinne Lessings „Übereinstimmung in den tugendhaften Handlungen" und im Sinne Kants „Tugend als moralische Stärke in Befolgung seiner Pflicht" gefordert. Nur diese Bündelung von Freundschaft und Kameradschaft, von Treue und Vertrauen im Umgang der Ritter und ihrer Führungskräfte miteinander ließ jene Elite entstehen, die weniger ein Adel besonderen Blutes als ein Adel besonderer Verpflichtung und des Dienstes an der christlichen Gemeinschaft war.

(3) In der Rückschau

In der Rückschau bleibt festzustellen, daß die Epoche der Kreuzzüge für alle beteiligten Menschen und Völker, Ritter und Ritterorden eine schwere Zeit war und in der Summe des Ergebnisses auch nicht befriedigen konnte. Die Geschichte als Vergegenwärtigung des Gewesenen schildert uns Leben und Streben in jener Zeit mit ihren Idealen und Wirklichkeiten. Die damaligen Zeiten sind vergangen, geblieben bis heute sind im Bewußtsein der Menschen die Ideale des Rittertums und der Ritterlichkeit; überlebt haben auch einige Ritterorden, weitere wurden im Laufe der Jahrhunderte wiederbelebt und neue wurden zwischenzeitlich gegründet. Es ist sicherlich kein Zufall, daß in unserer formloser gewordenen Zeit des zunehmenden Verfalls heute bestehende Ritterorden mit ihren unterschiedlichen Traditionen, fordernden Regeln, verpflichtenden Tugenden, großen Zielen und humanen Aufgabenstellungen wieder Zuspruch und Beachtung gewinnen. Letztendlich auch deswegen, weil mit Begriff und Rolle des Ritters auch heute noch etwas Besonderes, Hervorragendes,

Beispielhaftes verbunden wird, etwas, das es so heute nicht mehr gibt, das man gar vermißt, dessen Neubelebung in zeitgemäßer Form uns guttun würde! Die Forderungen und Appelle nach „ritterlichen Tugenden", nach „preußischen Tugenden", nach der „Notwendigkeit moralischen Handelns in Politik, Wirtschaft und Gesellschaft" (Papst Johannes Paul II.), nach „Gehorsam gegenüber den universalen sittlichen Normen" oder die Interpretation der Politik durch Kant als „pragmatisches Handeln zu sittlichen Zwecken" sind identisch mit den Vorstellungen und Erwartungen der großen Mehrheit unseres Volkes. Man ahnt, daß sich die Krise unserer Zeit langfristig nur lösen läßt, wenn das Geistige wieder über dem Materiellen steht!

(4) Die große Herausforderung

Mit dieser Entwicklung wächst die große Herausforderung für die bestehenden Ritterorden, sich im Bewußtsein ihrer Tradition, der ritterlichen Tugenden, der körperlichen, seelischen und geistigen Hilfestellung für den Menschen auch in heutiger Zeit zu bewähren! Das setzt voraus, daß die innere Struktur des Ritterordens, das innere Leben in der Ordensgemeinschaft, der menschliche Umgang miteinander, das Auftreten in der Öffentlichkeit und die Verpflichtung des Dienens einfach, glaubwürdig und vorbildlich sind. Herausforderung und Bewährung des Ritters und der Ritterorden in unserer Zeit finden noch im Frieden statt. Hier soll nun nicht auf die zeitgemäßen Aufgaben eines modernen Ritterordens eingegangen, sondern im Bereich des „menschlichen Umgangs miteinander" erörtert werden, was Freundschaft, Kameradschaft, Treue und Vertrauen im ritterlichen Ordensleben heute bedeuten.

(5) Ritter und Ritterorden als Vorbild und Hoffnungsträger

Will der heutige Ritterorden eine große und geschlossene Gemeinschaft mit starker Anziehungs- und Integrationskraft bleiben, so muß er von tugendverpflichteten und opferbereiten, in Freundschaft und Kameradschaft und in Treue und Vertrauen verbundenen Rittern getragen werden, die nicht für sich, sondern für eine große Idee leben wollen. Gleichermaßen kann sich das Leben in Deutschland und das Zusammenleben der Völker in Europa nur dann positiv entwickeln, wenn die vergessenen Werte der Ritterlichkeit, die ritterlichen Tugenden der Ehre, des Maßhaltens, der Beständigkeit und der Treue wieder Eingang in weite Bevölkerungsteile finden. Diese geistigen Werte im eigenen Verband als Orden vorzuleben, in der Öffentlichkeit zu verkünden und zu verlebendigen, wird eine wichtige Aufgabe des modernen Ritterordens in Zukunft bleiben. Wir brauchen die echte Gemeinschaft, die dem Ritter und dem Bürger geistige und seelische Heimat ist!

(6) Freundschaft als Tugend

Tugend ist nicht so sehr ein einzelnes, sittliches Tun des Menschen, sondern ein Gesamtverhalten, das den Menschen über sich hinauswachsen läßt. Auch Freundschaft ist Tugend, oder sie ist nichts als Rauch und Schall. Freundschaft gibt es nur unter Guten. Nach Konfuzius gibt es drei Arten von Freundschaft, die förderlich sind, und drei Arten von Freundschaft, die schädlich sind. Freundschaften mit Aufrichtigen, Beständigen und Erfahrenen sind förderlich, Freundschaften mit Unehrlichen, Leisetretern und Schönschwätzern sind schädlich! Freundschaft beruht nicht auf menschlicher Schwäche, sondern auf Naturanlage; echte Freundschaft folgt auch nicht dem Nutzen, sondern der Nutzen ist eine Folge echter Freundschaft. Wie sehr kann man heute dem Satz

Augustinus zustimmen, wenn er über den Gottesstaat schrieb: „Es gibt nichts Tröstlicheres im Gemeinschaftsleben der Menschen, das so reich an Irrtum und Mühsal ist, als eine ungeheuchelte Treue und die gegenseitige Liebe wahrer, guter Freunde!“ Daher ist es nach Auffassung antiker Philosophen auch unbedingte sittliche Pflicht, sich aus einer Gemeinschaft zu lösen, die in das Verderben zieht. Auch nach Aristoteles gibt es „eine vollkommene Freundschaft nur zwischen guten und an Rechtschaffenheit sich gleich stehenden Menschen. Eine solche Freundschaft dauert so lange, wie die Beteiligten rechtschaffen bleiben.“ Ebenso Cicero betonte die vom Wohl der menschlichen Gemeinschaft geforderte Unterordnung der Freundschaft unter das Gesetz der Sittlichkeit und wendet sich gegen diejenigen, die sich nicht scheuten, vom Freund Unbilliges zu verlangen. Ein heiliges Gesetz der Freundschaft verlange, daß weder Schädliches vom Freund gefordert noch von einem Freund, wenn er dazu aufgefordert sei, geleistet werden dürfe. Es sei Pflicht in der Freundschaft, dem Freunde die Wahrheit zu sagen und, ohne ihn zu verachten, das Unrecht vorzuhalten, denn man lasse einen Freund nicht ins Verderben rennen. Freundschaft ist Tugend und kein Geschäft! „Den irrenden Freund weise zurecht, den unschuldigen Freund laß' nicht im Stich!“

(7) Kameradschaft als soldatische Tugend

Kameradschaft ist nicht das gleiche wie Freundschaft. Sie kann weniger, kann aber auch sehr viel mehr sein! Sie ist unabhängig von freundschaftlichen Gefühlen und erst recht von materiellen Interessen. Man wird in sie hineingestellt. Kameradschaft ist ohne die sittlichen und emotionellen Elemente, die vor allem Soldaten miteinander verbinden, nicht denkbar. Das gilt auch für das Rittertum als „Militia Christi“. Kameradschaft ist eine altüberlieferte, den zwischenmenschlichen Bereich in besonderem Maße anrührende, unentbehrliche soldatische Tugend, über die es in § 12 des Soldatengesetzes für die Bundeswehr heißt: „Kameradschaft verpflichtet alle Soldaten, die Würde, die Ehre und die Rechte des Kameraden zu achten und ihm in Not und Gefahr beizustehen. Das schließt Anerkennung, Rücksicht und Achtung fremder Anschauungen ein!" Kameradschaft ist weit mehr als Solidarität! Sie bedeutet auch, daß Soldaten füreinander einstehen in Frieden und Krieg, daß sie sich gegenseitig helfen und beistehen, wo immer das notwendig ist. Im Sinne der Sprache der Humanisten, Ethiker, Philosophen und Christen wird Kameradschaft auch als Nächstenliebe gedeutet. Dieses „Anrührende" kommt in der von Ludwig Uhland geschaffenen und nachempfundenen Volksweise „Ich hatt' einen Kameraden", bei vielen gegebenen Anlässen gesungen und intoniert, in besonderem Maße zum Ausdruck:

„Ich hatt' einen Kameraden,
einen besser'n find'st du nit.
Die Trommel schlug zum Streite,
er ging an meiner Seite
im gleichen Schritt und Tritt.

Eine Kugel kam geflogen;
gilt sie mir, oder gilt sie dir?
Ihn hat sie weggerissen,
er liegt mir vor den Füßen,
als wär's ein Stück von mir.

Will mir die Hand noch reichen,
derweil ich eben lad.
Kann dir die Hand nicht geben;
bleib' du im ew'gen Leben
mein guter Kamerad."

(8) Der Nibelungen Treue

Weil nun schon beim „Lied“, hier deswegen der Übergang zur Treue als Tugend im Nibelungenlied, zum Hauptteil: „Der Nibelungen Not“: Ein klassisches Lied von Schicksal und Treue, von Verbundenheit zur eigenen Art durch die Tat, ein Lied der Treue bis in den Tod. In diesem Lied spiegeln sich deutsches Gemüt und Haltung, Treue zur Familie, zu Volk und Kampfgemeinschaft als Gefolgstreue. Wird Treue gebrochen, so nur aus Treue! Die burgundischen Könige weigern sich, gegen zugebilligten eigenen freien Abzug den Gefolgsmann Hagen auszuliefern. Treue um Treue. Alle stehen für den einen. Wo gibt es das heute noch?! Liebe, Ehre und Treue sind die Grundpfeiler eines anständigen Gemütes (Schiller). Was die Liebe nicht bindet, das ist schlecht gebunden; was die Treue nicht schirmt, beschirmt kein Eid (E. M. Arndt).
Aber wissen sollte man mit Goethe: „Liebe schwärmt auf allen Wegen, Treue wohnt für sich allein. Liebe kommt euch rasch entgegen, aufgesucht will Treue sein.“ Auch in diesen Gedanken wird deutlich, welch einen besonderen Wert die Treue als Tugend im Leben des Menschen und im Zusammenleben der Menschen hat.

(9) In Treue: Albert Schweitzer

Aus diesem Grunde erläutert Albert Schweitzer „Treue“ immer wieder in seinen Straßburger Predigten, in denen er unter anderem sagte: „Alles, was wir Gutes an Erkennen und Wollen haben, bedeutet nichts und führt zu nichts wenn es nicht gehärtet ist in den Gedanken der Treue.“ „Treu-sein will heißen: Seine Verantwortung fühlen in allem und jedem den Menschen gegenüber, ob sie uns nahe oder fern.“ „Treu-sein will heißen: Mit den Menschen, die wir kennen, in einer inneren Weise verbunden sein, daß wir über allem Kleinlichen stehen, was uns das alltägliche Leben bringen kann, und wissen, daß immer dieses edelste Verstehen, das wir in einzelnen Augenblicken miteinander erfahren durften, uns eint über alles andere hinaus." Was uns Albert Schweitzer auch immer zu sagen hat, es trifft zu. Es ist bildhaft und daher verständlich und bildungsstark. So auch hier. „Treue ist die innere Kraft des Lebens, in der wir uns selber erfassen." „Wie man bei jedem Metall sucht, es zu härten, und nicht sagen kann, wie es kommt, daß das Metall, das vorher weich und biegsam war, gehärtet hundertmal so stark ist wie vorher, so kann man es nicht erklären, wie es mit dem Menschen geht, daß alles was er zu geben vermag, erst dann wirklich stark ist, wenn es gehärtet ist in Treue." Ganz im Sinne der Philosophie eines Sokrates, der als Voraussetzung zur Erlangung des richtigen Wissens die Erkenntnis setzte, über das eigene Nichtwissen zu wissen, sagt auch Albert Schweitzer: „Ich kann nicht definieren, was ‚treu' heißt, denn die eigentliche Bedeutung des Wortes fängt erst an, wo alles Erklären in Ausdrücken aufhört!"

Augen der Treue (Hans Bahrs)

Ich habe in manche Augen gesehn,
Die lachten, weinten und drohten.
In solche, die jenseits des Lebens stehen,
Von Toten.

Ich habe in mancher fröhlichen Zeit
Geschaut in verhüllte Tiefen,
In manche, die voll verhaltenem Leid
Mich riefen.

Ich habe, als uns die Sonne versank,
Geblickt in Augen der Treue
Und glaubte, nach diesem heiligen Trank,
aufs Neue.

(10) Wo kein Vertrauen, da auch keine Treue

Vertrauen erweckt Vertrauen! Ohne Vertrauen auch keine Treue. Dann ist es schon tröstlich, wenn Albert Schweitzer erklärt: „Ich bekenne, daß ich Vertrauen in die Menschen setze. Mein langes Leben hat mich gelehrt, daß wir alle denkende Wesen sind und daß es nur darauf ankommt, daß dieses Denken erwacht und bis in die Tiefe unseres Seins geht. Vertrauen ist etwas Geistiges. Es kann nur in geistigem Geschehen entstehen. Vertrauen ist für alle Unternehmungen das große Betriebskapital, ohne welches kein nützliches Werk auskommen kann. Es schafft auf allen Gebieten die Bedingungen gedeihlichen Geschehens." Das gilt auch für Freundschaft, Kameradschaft und Treue, die ohne Vertrauen nicht entstehen und sich nicht entfalten können. So meint auch Goethe in „Dichtung und Wahrheit" (11,8): „Das Vertrauen, welches neue Freunde sich einander schenken, pflegt sich stufenweise zu entwickeln", merkt aber ebenso an, „das Wunderlichste im Leben ist das Vertrauen, daß andere uns führen werden." Wenn wir auch heute in vielfältiger Weise Vertrauensleute, Vertrauensobmänner, Vertrauenslehrer, Vertrauensärzte, Vertrauensabstimmungen und „Vertrauensbildende Maßnahmen" haben, was vorhandenes Mißtrauen erkennen läßt, so muß man doch erkennen und anerkennen, daß, um mit sich selbst und anderen einigermaßen zufriedenstellend umgehen zu können, Vertrauen unabdingbar ist. Natürlich spürt jeder, daß Vertrauen nicht gleich Gewißheit bedeutet, eine riskante Vorleistung ist, ein Wagnis bleibt, das sich aber in einer mir vertrauten Welt verringert. Im Lebenskampf entwickeltes Selbstvertrauen und Gottvertrauen sind eine starke Rüstung, um für eine große Idee leben und wirken zu können!

(11) Ritter sein – um der Zukunft willen!

Seit langer Zeit befinden sich die machtpolitischen Kräfte auf diesem Erdenrund in einer geistig-politischen Auseinandersetzung um die Zukunft dieser Welt. Einer aus anthropologischen Fundamenten entwickelten, jahrtausendealten spirituellen und kulturellen Welt- und Werteordnung, in der das Rittertum entstanden und in weiterentwickelter Form bis in unsere Zeit wirksam geblieben ist, steht heute eine im Aufbau befindliche, materialistisch ausgerichtete und dem fragwürdigen Fortschrittsglauben blind ergebene „Moderne Welt" gegenüber. Es kann den Ritterorden nicht gleichgültig sein, wie diese geistige Auseinandersetzung ausgeht. Es geht um Überleben oder Untergang. Daher sollten die Ritterorden mehr innere Kraft und auch mehr strukturelle, staatspolitische und personelle Voraussetzungen für den Kultur- und Staatserhalt entwickeln. Nicht das Äußerliche, das Eitle, das Gelegentliche, der Klimbim, das Materielle, sondern das Geistige, das Tugendhafte, das Kulturelle, das Traditionelle müssen im modernen Ritterleben die Oberhand, den Vorrang gewinnen. Es geht um eine geistige Auseinandersetzung, um einen Jahrtausendkulturkampf, den die Menschheit bestehen muß, für den auch Ritterorden mit geistiger Rüstung und geistigen Waffen vorbereitet sein sollten, um geistigen Geleitschutz für „geistig Fußkranke" und „seelisch Verwundete" geben und im Kampf der Geister um die Zukunft dieser Welt bestehen zu können!

Und dabei sollte man mit Nietzsche wissen: „Wer einst viel zu künden hat, schweigt viel in sich hinein. Wer einst den Blitz zu zünden hat, muß lange Wolke sein!" Nietzsche weist uns auch darauf hin: „Nicht um die Erfinder von neuem Lärm, um die Erfinder von neuen Werten dreht sich die Welt, unhörbar! Die stillsten Worte sind es, welche den Sturm bringen; Gedanken, die mit Taubenfüßen kommen, lenken die Welt!" Daher gilt es, mit allen Sinnen wachsam zu sein! Das ist der

Preis der Freiheit! Und die Krone der Freiheit ist der Treuebund mit dem eigenen Volke! So meinte es auch Martin Luther in seinem Zuruf: „Für meine Deutschen bin ich geboren, ihnen will ich auch dienen. Ich kann es ja nicht lassen, ich muß mich sorgen um das arme, verlassene, verkaufte, verratene Deutschland, sintemalen es ist mein Vaterland!" Daher ein Ritter sein – um der Zukunft willen! Fest auf dem Boden ritterlicher und abendländischer Tradition stehend und geistig gerüstet!
Und wie der Kampf um eine freiheitliche Zukunft zu führen ist, das hat uns schon Schiller in seinem Fragment „Deutsche Größe" mit auf den Weg gegeben, als wäre er realiter an unserer Seite und nicht nur im Geiste:

„Das ist nicht des Deutschen Größe,
Obzusiegen mit dem Schwert.
In das Geisterreich zu dringen,
Um Erhabenheit zu ringen,
Vorurteile zu besiegen,
Männlich mit dem Wahn zu kriegen,
Das ist seines Eifers wert.

Höhern Sieg hat der errungen,
Der der Wahrheit Blitz geschwungen,
Der die Geister selbst befreit,
Freiheit der Vernunft erfechten
Heißt für alle Völker rechten,
Gilt für alle ew'ge Zeit."

„Wachsamkeit ist der Preis der Freiheit!"

Die ritterlichen Tugenden – Ideale oder Utopien?

(1) Rittertum und Tugendlehren

Die Entstehung der Ritterorden fällt in die Zeit der Kreuzzüge, einer Zeit tiefen Fühlens, starken Glaubens, gesteigerten christlich-europäischen Bewußtseins und in einer zum Selbstopfer bereiten Welt. Aus der Rückschau wissen wir, daß das aus weltlicher Not, christlicher Bedrängnis und geistig-seelischer Glaubenskraft entstandene Rittertum Ausdruck der Gesamtheit der Kultur- und Lebensformen im hohen und späten Mittelalter war. Es wird als eine bedeutungsvolle abendländische Erscheinung angesehen, deren Vertreter sich am Leitbild des der Ehre verpflichteten tüchtigen und wohlerzogenen Menschen orientierten. Jene Ordensritter vereinigten in ihrer Tugendlehre antike und christliche Ethik sowie germanisch-rechtliche Auffassungen und waren Menschen, die eigentumslos dem Dienste an den Armen und Kranken und der Ausbreitung des Reiches Gottes in der Welt lebten. In den Rittertugenden spiegeln sich zeitlos und weltweit gültige Werte vorbildlichen Menschentums. Das wird auch dadurch bestätigt, daß die ritterlichen Tugenden und höfischen Formen auch nach dem Nachlassen der politischen Bedeutung des allgemeinen Rittertums bis in die Gegenwart erzieherische Ideale und Vorbilder blieben – oder vielleicht doch nicht mehr?!

(2) Anzeichen des Niedergangs in unserer Zeit

Diese sorgenvolle Frage stellt sich in einer Zeit, in der Ehe und Familie und das werdende Leben auf das höchste bedroht sind, Schule und Hochschule, Erziehung und Bildung erhebli-

che Qualitätsverluste erleiden, Kirche an Glaubwürdigkeit und in Folge an Mitgliedern verliert, Arbeits-, Leistungs- und Berufsethos dahinschwinden und den sozialen Frieden gefährden, der Staat hochverschuldet, die Parteien unglaubwürdig geworden sind und die Welt voller Kriege ist.
Schon 1973 formulierte Friedrich Franz von Unruh in seiner Schrift „Klage um Deutschland" den geistig-moralischen Niedergang in Deutschland, mit dem auch ein Nachlassen der Tugenden einherging: „Ich klage um Deutschland, nicht weil es besiegt, zerstückt und entmachtet ist – auch das böte Grund genug –, ich klage um Deutschland, weil es sein Wesen preisgibt. Weil es, verunsichert und verstört, seine Seele verrät. Weil es seine Herkunft vergißt. Um jenes Deutschland, wo Überlieferung noch ein dankbar und sorgsam gehütetes Erbe war. Wo ein Wort ein Wort, Recht Recht, Treue Treue, Verrat Verrat und Schande Schande war. Wo Korruption fremd und Opportunismus verächtlich war. Wo Pflicht höher stand als Genuß und Armut oder Reichtum kein Wertmaß war. Wo noch nicht gefragt wurde ‚Ist Leistung unanständig?', sondern Leistung schwerer als Geltung wog und ‚Mehr sein als scheinen' der Grundsatz einer Elite war. Wo es galt, so zu leben, daß es beispielhaft wirkte. Wo die Urzelle der Nation, die Familie, ein Sanktum war und die ‚gute Ehe' nicht spießbürgerlich, sondern vorbildlich hieß. Wo der Dienst am Staat als verdienstlich galt und Gehorsam als ebenso selbstverständlich wie Widerstand, wenn das Gewissen in Not kam. Ich klage nicht um ein fiktives, erträumtes, nie dagewesenes Land, sondern um ein miterlebtes, das – stärker oder schwächer – im Kaiserreich, in der Weimarer Republik und trotz allem und allem im Dritten Reich und danach noch vorhanden war und erst jetzt, Zug um Zug, Jahr um Jahr, entschwindet!"

(3) Traditionelle Werteordnung contra sogenannte „Moderne Welt"

Wir spüren im großen Zusammenhang das allmähliche Entschwinden einer geistlich-geistigen und kulturellen Werte- und Weltordnung, die durch eine sogenannte „Moderne Welt", deren innere Halt- und Gehaltlosigkeit in allen Vorläufen in unserer Zeit erkennbar wird, ersetzt werden soll! Man spürt, daß in diesem schleichenden Veränderungsprozeß mehr indirekte Lenkung als Zufall oder Notwendigkeit wahrzunehmen ist. Seit langer Zeit befinden sich die machtpolitischen Kräfte auf diesem Erdball in einer geistig-politischen Auseinandersetzung um die Zukunft dieser Welt. Einer aus anthropologischen Fundamenten entwickelten, jahrtausendealten spirituellen und kulturellen Welt- und Werteordnung, in der das Rittertum entstanden und in weiterentwickelter Form bis in unsere Zeit wirksam geblieben ist, steht heute eine im Aufbau befindliche, materialistisch ausgerichtete und dem fragwürdigen Fortschrittsglauben blind ergebene „Moderne Welt" gegenüber, die alles für machbar und für käuflich hält! Es kann den Ritterorden um der Zukunft willen nicht gleichgültig sein, wie diese geistige Auseinandersetzung ausgeht, weil es um Überleben oder Untergang geht! Sind die Ritterorden unserer Zeit, sind die Ordensritter als Einzelpersönlichkeiten für eine solche umfassende Auseinandersetzung überhaupt gewappnet? Haben sie die Herausforderung schon erkannt? Ist ihnen bewußt, daß sie als Ordensritter, als Ritterorden mit allen Satzungen, Statuten, Regeln und Schwüren auf dem Prüfstand stehen? Daß sie vor existenziellen Entscheidungen stehen? Wir müssen diese Herausforderung erkennen, dürfen uns nichts vormachen lassen! Wir müssen wahrnehmen, daß Unsicherheit, Furcht, Angst, Betroffenheit, Verdrossenheit, Unwille, Widerstand sich ausbreiten, die durch „Brot und Spiele" und „Schön-Wetter-Propaganda" nicht mehr heruntergespielt und vertuscht werden können! Was ist los?

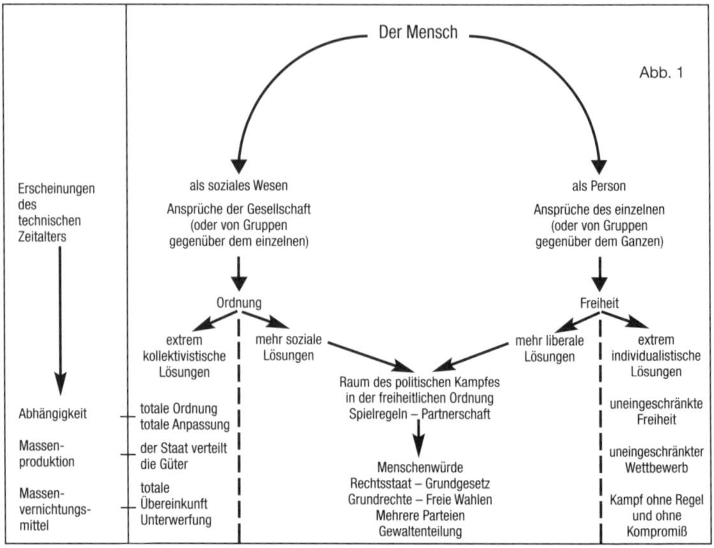
Der Mensch
als soziales Wesen
Ansprüche der Gesellschaft (oder von Gruppen gegenüber dem einzelnen)
Ordnung
extrem kollektivistische Lösungen
mehr soziale Lösungen
als Person
Ansprüche des einzelnen (oder von Gruppen gegenüber dem Ganzen)
Freiheit
mehr liberale Lösungen
extrem individualistische Lösungen
Raum des politischen Kampfes in der freiheitlichen Ordnung Spielregeln – Partnerschaft
Menschenwürde
Rechtsstaat – Grundgesetz
Grundrechte – Freie Wahlen
Mehrere Parteien
Gewaltenteilung
Erscheinungen des technischen Zeitalters
Abhängigkeit
Massen-produktion
Massen-vernichtungs-mittel
totale Ordnung totale Anpassung
der Staat verteilt die Güter
totale Übereinkunft Unterwerfung
uneingeschränkte Freiheit
uneingeschränkter Wettbewerb
Kampf ohne Regel und ohne Kompromiß
Abb. 1

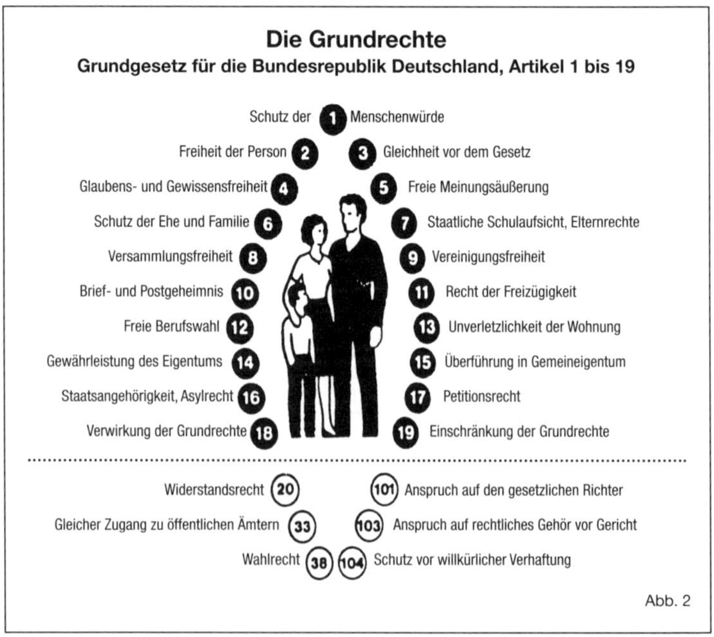
Die Grundrechte
Grundgesetz für die Bundesrepublik Deutschland, Artikel 1 bis 19
Schutz der 1 Menschenwürde
Freiheit der Person 2
3 Gleichheit vor dem Gesetz
Glaubens- und Gewissensfreiheit 4
5 Freie Meinungsäußerung
Schutz der Ehe und Familie 6
7 Staatliche Schulaufsicht, Elternrechte
Versammlungsfreiheit 8
9 Vereinigungsfreiheit
Brief- und Postgeheimnis 10
11 Recht der Freizügigkeit
Freie Berufswahl 12
13 Unverletzlichkeit der Wohnung
Gewährleistung des Eigentums 14
15 Überführung in Gemeineigentum
Staatsangehörigkeit, Asylrecht 16
17 Petitionsrecht
Verwirkung der Grundrechte 18
19 Einschränkung der Grundrechte
Widerstandsrecht 20
101 Anspruch auf den gesetzlichen Richter
Gleicher Zugang zu öffentlichen Ämtern 33
103 Anspruch auf rechtliches Gehör vor Gericht
Wahlrecht 38
104 Schutz vor willkürlicher Verhaftung
Abb. 2

Der Kommunismus hat zwar den Kampf der Systeme verloren, aber das sogenannte Gesellschaftsmodell des demokratischen Westens vermittelt auch nicht das Bild eines strahlenden Siegers, eher befinden sich auch das Ideal der Freiheit und das Ideal der Ordnung (durch Recht) in schwerer Krise, werden durch Egoismus, Extremismus, Zentralismus, Bürokratismus, Willkür und Gewalt einerseits und durch Ratlosigkeit, Unentschlossenheit, Feigheit, Uneinigkeit und Dummheit andererseits unverantwortlich gefährdet!
Abbildung 1 macht die zunehmende Tendenz zu extremen Lösungen deutlich. Zu Abbildung 2 wird der Leser aufgefordert, angesichts der dargestellten Grundrechte nüchtern und sachlich zu überprüfen, in welchem Maße sie ihre Gültigkeit noch besitzen! Sind die Menschenwürde der Politiker, die freie Meinungsäußerung des Andersdenkenden, der Schutz der Ehe und Familie, die Elternrechte, die Versammlungsfreiheit, die Vereinigungsfreiheit, das Briefgeheimnis oder das Eigentum wirklich noch gewährleistet? Wankt nicht der Rechtsstaat, schwankt nicht der Sozialstaat, sind wir nicht schon ein Parteienstaat? Sind wir bei Gültigkeit der Feindstaatenklauseln in der UN-Charta, bei Fehlen eines Friedensvertrages seit 50 Jahren, bei Anwesenheit zahlreicher Fremdtruppen mit besonderen Rechten im eigenen Lande wirklich ein souveräner Staat?
Diese Fragen muß man sich stellen angesichts der jährlich 300.000 Abtreibungen, der niedrigsten Geburtenrate, der über 1 Million Obdachlosen, 4 Millionen Arbeitslosen, 6 Millionen Ausländer und Asylbewerber sowie über 1 Billion Euro Staatsschulden mit steigender Tendenz! Und dabei amtierende Regierungen, die das alles schönreden, Medien, die ablenken und manipulieren, und Mitgliedschaften in internationalen Organisationen, in denen wir hohe Beiträge zahlen, die uns aber zugleich unter Kontrolle halten sollen, wenngleich

sie selbst in Europa und der Welt inzwischen einen Tiefstand an Glaubwürdigkeit erreicht haben und in einer schweren Krise stecken. Diese Lage hat tiefgehende Wirkungen auf das Leben, Denken und Handeln der Menschen in aller Welt.

(5) Auflösungserscheinungen in bewährten Lebensformen

Auf die durch die politischen, rechtlichen und sozialen Erschütterungen unseres Staatswesens hervorgerufenen tiefgehenden Wirkungen auf Leben, Denken und Handeln der Menschen und wechselseitig bestehenden Zusammenhänge sei noch wie folgt erläuternd hingewiesen:
Wir Menschen leben heute in einer auffällig formenloser werdenden Welt und Zeit. Wir erleben Auflösungserscheinungen in der Ehe und Familie, der Sitten und Traditionen, des Rechts und der Ordnungen, des Staates und der Kirchen. Mit dem Einsetzen des Zerfalls dieser Formen geht auch ein zunehmender Verlust der Würde des Menschen einher. Der Mensch als Verursacher und Betroffener beginnt, wegen dieser bedrohlichen Entwicklung wieder nachdenklicher zu werden und zu begreifen, daß Ehe und Familie, Schule und Kirche, Arbeit und Beruf, Parteien und Verbände, Gemeinde und Staat, Volk, Heimat und Vaterland insgesamt Gemeinschafts- und Organisationsformen des Menschen, im Dienste des Menschen sind, ihm Halt und Sicherheit geben, das pädagogische „Nest" zum Werden und Wachsen, zur Erziehung und Bildung des Menschen zum Menschen, zur Persönlichkeit darstellen und ihn zum verantwortungsbewußten Handeln erst eigentlich befähigen. Dem Menschen kommt beim Gewahren der Auflösungserscheinungen seiner bewährten Lebensformen mehr und mehr in den Sinn, daß die Zerstörung dieser Lebensformen auch die Zerstörung der Menschheit und der Welt bedeuten und zur Folge haben kann!

Das hierüber Nachdenklichwerden des beträchtlich verunsicherten Menschen unserer Tage zeigt sich heute im täglichen Leben und in der Politik in einer allgemein zunehmenden geistigen und praktischen Verweigerungshaltung der Menschen. So zum Beispiel in der wachsenden Anzahl von Menschen, die ihre bisherige Mitgliedschaft in Parteien, Gewerkschaften und Kirchen aufkündigen und ihre Teilnahme an den demokratischen Wahlen verweigern. Hier wird den Verantwortungsträgern und ihren Institutionen Versagen im Dienst am Menschen, mangelnde Glaubwürdigkeit, fehlende Leistungsbefähigung und -bereitschaft und unzureichende Vorbildshaltung signalisiert. Die Menschen spüren, daß sie bei fortschreitender Auflösung ihrer bewährten Lebensformen nicht nur halt- und kopfloser, sondern auch im Rahmen des Gesamtvorgangs führungsloser werden! Und – das sei an dieser Stelle gesagt – waren Krieg und Besetzung, Umerziehung und materielles Denken im Deutschland nach 1945 mit Anlaß zu dieser besorgniserregenden Entwicklung. Dem Menschen entglitt mit dem Schwinden seiner ihn tragenden Lebensformen weitgehend der feste Grund seines Lebens!

(6) Ist heutiges Rittertum noch „eine feste Burg"?

Will der heutige Ritterorden eine große und geschlossene Gemeinschaft mit starker Anziehungs- und Integrationskraft bleiben, so muß er von tugendverpflichteten und opferbereiten, in Freundschaft, Kameradschaft, Treue und Vertrauen verbundenen Rittern getragen werden, die ihre Statuten, Tugenden, Rechte und Pflichten genau kennen und willens sind, sich daran zu halten, sie auch zu leben und über den Ordensrahmen hinaus sie auch zu verwirklichen. Das Leben in Deutschland und das Zusammenleben in Europa können sich nur dann positiv entwickeln, wenn die vergessenen Werte der Ritterlichkeit, die ritterlichen Tugenden der Ehre, des Maßhaltens, der Beständigkeit und der Treue wieder Eingang in weite Bevölkerungsteile finden. Bei aller Vielfalt der Formen des Ritterordenwesens gibt es doch eine große Gemeinsamkeit im hohen Stand der alle verpflichtenden Lebensregeln, Tugendlehren und des Ehrenkodexes!

Ob man die Kardinaltugenden des Thomas von Aquin meint: Klugheit, Gerechtigkeit, Tapferkeit, Maß, Glaube, Hoffnung, Liebe;

ob man sich das Bekenntnis der Ordensritter im Sinne der ritterlichen Tugenden in Erinnerung ruft: Glauben an Gott, Hilfe gegenüber jedermann, Treue gegenüber dem Orden, Tapferkeit in der geistigen Auseinandersetzung, Gerechtigkeit gegen jedermann, Weisheit im Entschluß, Gehorsam gegenüber dem Ganzen, Besonnenheit im Handeln und Zucht und Maß im Leben;

ob man die preußischen Tugenden als ein wirksames Mittel gegen den heutigen Verfall ansieht: Selbstloser Dienst für die Allgemeinheit, Unbestechlichkeit und Uneigennützigkeit, Treue und Verantwortungsbewußtsein, Schutz der persönlichen Freiheit und des Eigentums, Pflichterfüllung und Sparsamkeit, persönliche Bescheidenheit, Achtung vor dem Nächsten, Schutz der sozial Schwachen und der Minderheit, Glaubens- und Gewissensfreiheit, Wahrung der Rechtsstaatlichkeit, Wehrbereitschaft, Sicherheit und Ordnung;

oder **ob** man auf dem Fundament der vorgenannten Tugenden, Rechte und übernommenen Pflichten sich der Wahrung und des Schutzes der im Grundgesetz verankerten Grundrechte annimmt: Des Schutzes der Würde des Menschen, der Freiheit der Person, der Gleichheit vor dem Gesetz, der Glaubens- und Gewissensfreiheit, der freien Meinungsäußerung, der Ehe und Familie, der staatlichen Schulaufsicht und des Elternrechts, der Versammlungsfreiheit, der Vereinigungsfreiheit, des Brief- und Postgeheimnisses, des Rechts der Freizügigkeit, der freien Berufswahl, der Unverletzlichkeit der Wohnung, der Gewährleistung des Eigentums, der

Staatsangehörigkeit und des Asylrechts, des Petitionsrechts, des Widerstandsrechts und des Schutzes vor willkürlicher Verhaftung;
oder **ob** man sich schlicht und aufrecht verpflichtet, das Grundgesetz Gottes in Gestalt der Zehn Gebote vorzuleben und in aller Welt dafür Anerkennung und Verwirklichung anzustreben:

1. Ich bin der Herr, dein Gott. Du sollst nicht andere Götter haben neben mir.
2. Du sollst den Namen des Herrn, deines Gottes, nicht unnützlich führen, denn der Herr wird den nicht ungestraft lassen, der seinen Namen mißbraucht.
3. Du sollst den Feiertag heiligen.
4. Du sollst deinen Vater und deine Mutter ehren, auf daß dir's wohlergehe und du lange lebest auf Erden.
5. Du sollst nicht töten.
6. Du sollst nicht ehebrechen.
7. Du sollst nicht stehlen.
8. Du sollst nicht falsch Zeugnis reden wider deinen Nächsten.
9. Du sollst nicht begehren deines Nächsten Haus.
10. Du sollst nicht begehren deines Nächsten Knecht, Magd, Vieh oder alles, was sein ist!

Dieser große Rahmen der Tugenden, Regeln, Rechte, Pflichten und damit des sittlichen Lebens der Menschen untereinander und des Zusammenlebens der Völker miteinander nimmt uns alle in die Pflicht, will uns emporführen zu einem ehrenwerten Leben, will uns helfen, ein Mensch unter Menschen zu sein, sein zu können, und damit das Leben lebenswert zu machen und sein zu lassen! Es ist aber nicht ausreichend, wenn man meint: „Tugend ist Haltung, kraft derer der Mensch geneigt ist, das Gute zu tun", weil es nicht um das bloße Sein- und Tunkönnen, sondern um die Verwirklichung

dieses Könnens im Sinne Albert Schweitzers geht: „Die Wahrheit muß getan werden!“ Dann ist „Tugend die Kraft, durch welche ein Wesen mit der vollen, ihm eigenen Seinsgewalt seinen Werdedrang zu folgen vermag“ (Thomas von Aquin), was auch meint: „Tugend ist zur Energie gewordene Vernunft“ (Friedrich von Schlegel)! Man muß nur „auf dem Weg zu einem anderen Leben“ im Sinne der Pilger bleiben und mit der Erfahrung des bedeutenden chinesischen Philosophen Lao-Tse wissen: „Geht der Weg verloren, bleibt die Tugend; geht die Tugend verloren, bleibt die Ethik; geht die Ethik verloren, bleibt das Recht; geht das Recht verloren, bleibt die Sitte. Die Sitte ist aber nur die Außenseite der Ethik und bezeichnet den Anfang des Verfalls!“ Daß der Menschheit Weg, Tugend, Ethik, Recht und Sitte mehr oder weniger schon verlorengingen und auch der „Anfang des Verfalls“ schon überschritten ist, kann man weltweit nicht übersehen!
Diese Lage macht deutlich, daß es nicht allein um den Tugendvorsatz, sondern um die Tugendverwirklichung geht. Und es reicht nicht aus, daß der einzelne Ritter oder der Ritterorden als Verband für sich in abgeschiedener Exklusivität tugendverwirklichend lebt, sondern man muß sich schon als Kämpfer und Kampfverband begreifen, um in und mit eigener Überzeugung die Mitmenschen zu überzeugen, daß ein Leben im Sinne der Tugenden von überlebenswerter Bedeutung ist, daß der allen sichtbare Verfall nur durch einen Lebenswandel im Sinne gelebter Tugenden aufgefangen werden kann! Mit der Devise „Eine Lanze für die Tugend!“ stünde auch der Ritterorden wieder ganz auf dem Boden seiner Tradition und als Hoffnungsträger in der Welt! Er wäre auf hartem Fels eine feste Burg, an der die Welten des oberflächlichen Zeitgeistes und der zerstörerischen, materialistischen „Moderne“ zerschellen würden! Dieses muß das Ziel sein, der eigene Zustand ist davon noch weit entfernt!

(7) Was ist zu tun?

Mit dieser Frage soll eine konservative Debatte eingeleitet werden, was heißt: Der Tradition verbunden, Bewährtes bewahren, Abfall fallen lassen, Neues gewissenhaft prüfen und behutsam hinzu- und einfügen, um auf stets sicherem und erfolgversprechendem Weg festen Schrittes in die Zukunft gehen zu können! Hierbei kommen verschiedene Reformfelder in Betracht:

1. Menschliche, sachliche und organisatorische Probleme im Innenleben des Ordens: klare Führungs-, Aufgaben- und Leistungsstrukturen; mehr Sein als Schein = weniger auffällige Äußerlichkeiten, mehr und häufiger „geistige Rüstung" (Seminare, Programm- und Strategiepapiere); neben Ordenskapitel auch Komtureikapitel in Verbindung mit Konventen.
2. Außenfelder: Beziehungsgeflecht, Partnerschaften, Kooperationen. Einrichtung von Arbeitsgruppen (Kommissionen); mit anderen Verbänden abgestimmter Jahresterminplan; Referenten- und Themenliste; Ordensverbandspolitik; ordenspolitische Strategiesitzungen mit anderen Ritterorden und Verbänden; Prüfung der Frage: Aufbau eines nationalen, lose verbindenden Ritterorden-Dachverbandes?
3. Kampffelder: Staat und Parteien; Deutschland und Europa; Politik und Moral; Kirchen und Politik; Eliten in Deutschland; Medien, Meinungsfreiheit, Menschenwürde; Schuld und geschichtliche Wahrheit; Generations- und Geschlechterprobleme; Krieg und Frieden. Muß ein Ritterorden „politisch impotent" (Churchill) sein? Darf ein Ritterorden Unrecht dulden, Unwahrheit hinnehmen, Moralverfall ignorieren? Welche Formen und Wege sind sinnvoll und geeignet, Einfluß zu nehmen oder einzugreifen? Ritter sein oder nur „ein Ritter von trauriger Gestalt?!"

Wir können es uns in dieser Zeit nicht leisten, „Ritter von trauriger Gestalt" zu sein! Es ist auch nicht angemessen, ein einseitiges und von der Außenwelt abgeschirmtes Ritterordenleben zu führen! Wir müssen uns begreifen als Angehörige eines Volkes und Bürger eines Staates, die sich für die Zukunft noch die volle Freiheit erkämpfen müssen. Uns muß bewußt sein, daß Ritterorden wie Familien, Schulen, Kirchen, Verbände oder Staaten Gemeinschaftsformen des Menschen sind, die im Dienste des Menschen stehen, ihm Halt und Sicherheit geben müssen, ein pädagogisches Nest zum Werden und Wachsen, zur Erziehung und Bildung zum Menschen sein sollen. Und wir spüren, daß die Lage ernst ist und die Zeichen der Zeit auf Sturm stehen! Einseitigkeit und Untätigkeit widersprechen dem Wesen des Menschen!

(8) Der Mensch als Vorbild

Was zu tun ist, können wir am Menschen ablesen. Der ganze Mensch in seiner Vielfalt in Einheit ist und bleibt uns Frage, Aufgabe und Antwort zugleich! Was der Mensch in seiner Vielfalt ist, können wir nur erfahren im Ursprung unseres Denkens und Tuns! Daher wissen wir:

- Der Mensch ist ein ganzheitliches Wesen, das nicht „in Teilen", sondern aus seiner Ganzheit lebt.
- Der Mensch ist ein vitales, aus dem „Überfluß" naturhafter Kraft und Lebendigkeit existierendes Wesen mit einer Vielfalt von Anlagen, die je nach Inanspruchnahme sich voll entfalten oder auch verkümmern können.
- Der Mensch ist ein dynamisches, zum Zwecke seiner Entwicklung und ganzheitlichen Entfaltung auf vielfältige und allseitige Bewegung angewiesenes Wesen. Bewegung ist seine Natur.

- Der Mensch ist ein soziales Wesen, das auf Geselligkeit, auf Kontakt mit anderen Menschen angelegt und angewiesen ist. Er ist im umfassenden Sinne Mitmensch.
- Der Mensch ist ein dialoges, ein auf Gespräch, auf Reflexion angewiesenes Wesen. Er ist notwendiger Gesprächspartner.
- Der Mensch ist ein geistiges Wesen, auf Neugierde, Wissens- und Forschungsdrang, auf Erkennen, Erfassen und Denken als Voraussetzung zum Tun, zum Handeln angelegt.
- Der Mensch ist ein seelisch umfaßtes Wesen, gefühlvoll und herzlich, von Freud und Leid bewegt, auf Liebe und Freundschaft, auf Familie und Gemeinschaft angelegt.
- Und der Mensch ist unweigerlich ein politisches Wesen, das in der Bindung von Freiheit und Ordnung und in der Spannung von Einzel- und Gemeinschaftswesen lebt und seine Pflichten und Rechte wahrnimmt. Alles Handeln des Menschen ist politischer Natur, weil es stets den Mitmenschen betrifft, gleichgültig, ob in Zuwendung oder Versagung.

Diese Vielfalt der Anlagen im Menschen, gebunden in der Ganzheit der Person, geformt durch ein tugendhaftes Leben, getragen und geführt im Rahmen seines traditionsbewußten und zukunftsgerichteten Ritterordens muß im Ordensverband entfaltet, gefördert und eingesetzt werden! Nur so können wir die Stürme der Zukunft bestehen. Es geht darum, daß die innere Struktur des Ritterordens, das Binnenleben in der Ordensgemeinschaft, der menschliche Umgang miteinander, das Auftreten in der Öffentlichkeit im Sinne des Dienstes am Menschen einfach, glaubhaft und vorbildlich sind. Ritterorden müssen vielseitiger, breiter, tugendhafter, kämpferischer, gemeinschaftlicher und politischer werden und sich als Traditions-, Elite- und Kampfverbände für die Freiheit des Menschen und der Völker und zur Ehre Gottes begreifen. Dann sind sie auf dem richtigen Weg! Will man fördern, muß man fordern! Will man siegen, das Ziel erreichen, muß man sein Herz über alle Hindernisse werfen! Dann kann auch Unmögliches möglich werden! Die ritterlichen Tugenden sind zur Verwirklichung im Leben auffordernde Ideale! Ihre Erfüllung ist unsere Aufgabe!

Wie stabil ist dieses Haus noch? („Kieler Nachrichten" v. 21. 3. 95, S. 2)

Die drei Ritterorden Johanniter, Deutschritter, Tempelritter.

Einweisung eingetroffener Neusiedler durch Ritter des Deutschen Ordens im Ordensgebiet.

Zeitgemäße Aufgaben eines modernen Ritterordens

Ehe und Familie, Schule und Kirche, Arbeit und Beruf, Parteien und Verbände, Gemeinden und Staat sowie Volk, Heimat und Vaterland sind Gemeinschafts-, Organisations- und Vorstellungsformen als Lebensformen des Menschen für den Menschen!
Sie stehen im Dienste des Menschen, geben ihm Halt und Sicherheit, sind das pädagogische „Nest“ zum Werden und Wachsen, zur Erziehung und Bildung des Menschen als Persönlichkeit – die positiv denkt, für den anderen mitdenkt und nach bestem Wissen und Gewissen verantwortungsbewußt handelt.

(1) In einer zum Selbstopfer bereiten Welt

Inmitten dieses Kreises der den Menschen tragenden und prägenden Kräfte standen und stehen ebenso die zahlreichen Ordensgemeinschaften in der Vielfalt ihrer geistlichen und weltlichen Formen als Zusammenschlüsse von Menschen, die sich bestimmten Regeln unterwerfen, besondere Verpflichtungen übernehmen und hohe Ziele setzen. Die Entstehung der Ritterorden fällt in die Zeit der Kreuzzüge, einer Zeit tiefen Fühlens, gesteigerten Glaubens, gewachsenen christlich-europäischen Bewußtseins und in einer zum Selbstopfer bereiten Welt. Die schon damals ständigen Wallfahrten nach Jerusalem wurden infolge der Eroberung dieser Stadt und des Heiligen Landes durch die türkischen Seldschuken immer schwieriger und erforderten letztlich den Schutz der christlichen Pilger. Mit der zur Befreiung des Heiligen Landes aufrufenden Kreuzpredigt des Papstes Urban II. in Clermont begann die fast 200 Jahre dauernde Bewegung der Kreuzzüge, bei denen wegen der Anmarschstrapazen über Land und Meer mehr Opfer bei den Kreuzzugsheeren zu verzeichnen waren, als die Kämpfe mit der Waffe selbst erforderten. Aus den Kämpfen erwuchs ein Rittertum, das sich als „Militia Christi“ für die Rettung des Heiligen Landes verstand, zur Sicherheit und Sicherung desselben über 60 Burgen erbaute und alle Kämpfenden geistig in dem Ideal vereinigte: Leben im Dienste der Kirche und des Glaubens; dienen den Kranken und Verwundeten; helfen den Witwen und Waisen und das Schwert ziehen nur in der „höheren Rechtfertigung gegen Heiden und Verächter des Glaubens“.

(2) Der Deutsche Orden und die Geschichte

Bei der hohen Zahl der Erkrankungen und Verwundungen bei den Anmärschen und Kämpfen kam der Gesundung und Wiederherstellung der Kampfeskraft zunehmend große Bedeutung für den endgültigen Erfolg eines jeden Kreuzzuges zu. Solche wichtigen Aufgaben konnten in jener Zeit eigentlich nur Mönchsorden übernehmen, die mit ihren Klöstern Träger der Krankenpflege, aber auch der Erziehung, Wissenschaft und Kunst sowie des ökonomischen Fortschritts geworden waren. So ergab es sich, daß diese Mönchsorden zum Vorbild für den Aufbau von neuen Gemeinschaften für Großaufgaben der Kreuzzüge wurden. Die Träger dieser die Kreuzzüge begleitenden neuen Gemeinschaften waren Ritter, die sich zweckmäßigerweise zu Ritterorden zusammenschlossen, konsequenterweise das Gelübde der Mönchsorden, in Armut, Keuschheit und Gehorsam zu leben, übernahmen und noch das Element ihres Standes, den Waffendienst, hier zum Kampfe für den Glauben und zum Schutze der Pilger, hinzufügten!
Von den zahlreichen neuentstandenen Ritterorden jener Zeit gewannen vor allem die **Johanniter,** nach dem Spital des heili-

gen Johannes in Jerusalem benannt, seit 1108 in erster Linie der Krankenpflege dienend, 1113 vom Papst anerkannt, und die **Templer,** wegen der Nähe ihrer Kirche zum Tempel so benannt, seit 1118 besonders für den Schutz der Pilger im Einsatz, seit 1119 vom Papst anerkannt, internationale Bedeutung. Der dritte große abendländische Ritterorden, zu gleichem Zweck und erst 100 Jahre später während des dritten Kreuzzuges gegründet, war der **Deutsche Ritterorden,** der **Deutsche Orden,** der dann besonders für die deutsche Geschichte wichtig wurde. Sein Ursprung geht zurück auf jene deutsche Hospitalgenossenschaft, die während der Belagerung der Festung Akkon zur Kranken- und Verwundetenpflege gegründet worden war, 1198 von deutschen Fürsten in den Rang eines geistlichen Ritterordens gehoben wurde, 1199 zugleich mit den Statuten vom Papst die Tracht der Templer mit der Abänderung verliehen bekam, ein schwarzes Kreuz auf weißem Mantel zu führen.

(3) Die Aufgabe Preußens

Als durch den fünften Kreuzzug (1228/29) der Küstenstreifen des Heiligen Landes einschließlich Jerusalem erobert worden war, ließ der Ordenshochmeister Hermann von Salza ca. 50 km nördlich von Akkon die Bergfeste Montfort als Hauptburg und Hochmeistersitz des Deutschen Ordens erbauen, wenn auch das Hauptgebiet der Ordensbesitzungen im deutschen Raum lag.

Nach dem Fall von Montfort, dem Ende der Zeit der Kreuzzüge, wurde dann unter Winrich von Kniprode 1309 die Marienburg zum Sitz des Hochmeisters des Deutschen Ordens. Nun befinden wir uns mit dem Deutschen Orden in Fortgang auch der Geschichte wieder in Deutschland inmitten Europas.

Die Gründung des Gemeinwesens des Deutschen Ritterordens in Preußen war eine bewußte und gewollte Gründung zur Sicherung der Christenheit, in der Kaiserlichen Goldbulle von Rimini durch Friedrich II. von Hohenstaufen von 1226 und der Papsturkunde von 1234 historisch belegt, verdankt ihren Ursprung der Idee des Kreuzzuges und sollte eine Schutzwehr für das Abendland, ein Bollwerk der Kirche und des Rechts sein, sollte die Mächte des Chaos bändigen und den Bereich der Ordnung erweitern.
„Mehr als ein halbes Jahrtausend, bevor man von einem ‚Beruf' Preußens für Deutschland sprechen konnte, hatte Preußen eine Berufung für Christenheit, Kirche und Reich. Es war der Auftrag der abendländischen Christenheit, der den Ordensstaat an der Weichsel Wirklichkeit werden ließ. . . . Die Ordensritter . . . waren Menschen, die eigentumslos dem Dienste an den Armen und Kranken und der Ausbreitung des Reiches Gottes in der Welt lebten" (Heinz Bürneleit). Hier entstand eine Elite, die weniger ein Adel besonderen Blutes als ein Adel besonderer Verpflichtung und des Dienstes an der Gemeinschaft war.

(4) Das Ethos des Dienens

Die Ausstrahlung dieser Ordensethik hat als tragende Kraft über Brandenburg-Preußen zur Gründung des Deutschen Reiches geführt. Diese von Reich und Kirche geförderte Pionierarbeit war kein deutscher Eroberungszug. Preußen verdankt seine Entstehung der Zusammenarbeit zwischen den Ordensrittern und der ansässigen Bevölkerung. Der Orden rottete nicht die heidnischen Pruzzen aus, er verdrängte sie nicht aus ihren Siedlungen und wies ihnen auch nicht armselige Reservationen zu! Er schuf damals in dem Lande über 2000 Hospitäler(!), verteilte Rechte und Lasten gleichmäßig und ersetzte das pruzzische Recht durch das anerkannte bessere „Kulmische Recht". Die „Pilgerväter", die aus

allen deutschen Landen kamen, und die baltisch-pruzzischen Ureinwohner wurden alle Preußen in einem neuen Sinne, gewannen einen neuen Charakter, „aus dem in jahrhundertelanger Entwicklung der letzte Stil Europas hervorgehen sollte". (Heinz Burneleit. Preußen lebt. In „Neue Preußische Jahrbücher", 1. Jahrgang, Eutin 1975, Seite 108 ff., herausgegeben von Uwe Greve.)
Das Ethos des Dienens, die Idee des Rechtsstaates, die Toleranz gegenüber Andersdenkenden und die Suche nach Wahrheit und deren Durchsetzung sind Werte und Aufgaben, die auch heute noch des Einsatzes wert sind. Heute – das ist nach dem Zusammenbruch des kommunistischen Systems eine sich im tiefgehenden Umbruch befindliche Welt, das ist seit dem Auseinanderbrechen des karolingischen Universalreiches ein Europa, das seit jener Zeit noch keine Friedensordnung fand, in der alle europäischen Völker und Staaten gleichberechtigt und frei und friedlich zusammenleben können, das ist ein Deutschland, das auch nach 60 Jahren noch keinen Friedensvertrag hat, keineswegs souverän ist, für das immer noch die Feindstaatenklauseln der Charta der Vereinten Nationen gelten, dem man die in Washington, London, Paris, Warschau, Petersburg und Moskau lagernden Akten und Archive des Deutschen Reiches weiterhin verschlossen hält und nicht zurückgegeben hat und das wegen der Folgen der Umerziehung, der Probleme der Vereinigung, der zu hohen Erwartungen Europas und der Welt und der Mittelmäßigkeit seiner politischen Klasse sich weiterhin in schwieriger und abhängiger Lage befindet.

Ist es nicht so, daß von den einleitend genannten Lebensformen des Menschen:
Ehe und Familie und das werdende Leben auf das Höchste bedroht sind?
Schule und Hochschule große Qualitätsverluste erlitten haben?!
Kirche als Institution erheblich an Glaubwürdigkeit und Mitgliedern eingebüßt hat?!
Arbeits-, Leistungs- und Berufsethos verkommen und den sozialen Frieden gefährden?!
Parteien kaum noch wählbar, Nichtwähler oft größte Partei sind?!
Der Staat in Bund, Ländern und Gemeinden mit über einer Billion Euro verschuldet ist!?
Volk, Heimat und Vaterland verpönte Begriffe sind und der Staat Deutschland von den eigenen Volksvertretern und Staatsdienern über die Köpfe des Souveräns, des Volkes, hinweg abgeschafft werden soll!?
Stehen nicht in Deutschland, Europa und in der Welt die Zeichen auf Sturm, die Zeiger auf Alarm und läuten nicht die Glocken der Klöster und Kirchen, der Schlösser, Burgen und Rathäuser aus der Zeit der Kreuzzüge und auch heute noch von ihren Türmen, daß wieder Ritterorden mit Ethos, Kenner- und Könnerschaft in höchstem Maße erforderlich und gerufen sind, um die Kräfte und Strömungen, die das christliche Abendland, seine Idee und Kultur tödlich bedrohen, abzuwehren und mit geschliffener Feder und geistigem Schwert zu bekämpfen!? Der Ruf nach Eliten ist unüberhörbar! Der Umbruch ist an vielen Orten im Gange, der Aufbruch bahnt sich an, der Durchbruch ist im Visier! In Zeitungen, Zeitschriften und Literatur erheben sich die Stimmen.
In vielen Zirkeln, studentischen Verbindungen und auch in den weltlichen Ritterorden in unserer Zeit wird neu über

Aufgaben und Verpflichtungen nachgedacht, wie man in zeitgemäßer Form überlieferte Ziele, Aufgaben und Organisationen wieder fortführen, weiterentwickeln und verbessern kann.

(6) Besonnenheit im Handeln und Maß im Leben

So zum Beispiel auch der Prior des Tempelherren-Ordens, Dr. Edmund Sawall, am 4. Oktober 1991 anläßlich einer Rezeptionsansprache im Dom zu Braunschweig mit den Worten:

„Die ‚tradierte Aufgabe', die wir heutigen Templer von unserem historischen Ursprungsorden ableiten, ist der geistige Geleitschutz. Die Aufgabe des geistigen Geleitschutzes war nie dringender als heute, in der Krise der Moderne, an der Schwelle zur Überwindung des säkularisierten Geistes und seiner sozialistischen, materialistischen und atheistischen Folgen.

Wir Templer begründen unsere Lebensweise und unsere Handlungsnormen in den Bekenntnissen und Verpflichtungen unserer Ordensregeln, die wir in Sorge um den Zerfall der in Jahrhunderten gewachsenen Werte des christlichen Abendlandes und im Streben nach den ritterlichen Tugenden aus den überlieferten mittelalterlichen Ursprungsregeln in zeitgemäßer Form abgeleitet haben. Im Bemühen um eigene geistige Vervollkommnung und mit dem Ziel, Antworten auf brennende Fragen unserer Zeit an die Gesellschaft zu geben, haben wir uns zusammengefunden. . . . Der Ordensbruder bekennt sich zu den ritterlichen Tugenden: Glauben an Gott – Hilfe gegenüber jedermann – Treue gegenüber dem Orden – Tapferkeit in der geistigen Auseinandersetzung – Gerechtigkeit gegen jedermann – Weisheit im Entschluß – Gehorsam gegenüber dem Ganzen – Besonnenheit im Handeln und Zucht und Maß im Leben."

(7) Für Werte und Ideale einstehen

Und leidenschaftlich fügt der Prior Dr. Sawall diesem Bekenntnis hinzu:
„Mehr denn je brauchen wir heute eine Ordnung, die unsere komplexe Welt, unser chaotisches Dasein regelt; braucht unsere Zeit feste Leitmotive, nach denen wir unser Leben ausrichten können; brauchen wir gerade heute das Pflichtbewußtsein und den Opfermut des einzelnen; brauchen wir die echte Gemeinschaft, die dem einzelnen geistige und seelische Heimat ist; brauchen wir heute schließlich das offene Bekenntnis; mehr denn je die Bereitschaft, für Werte und Ideale zu kämpfen.
Solche Leitbilder aufzuzeigen, selbst Vorbild zu sein, das ist die Aufgabe der Ordensgemeinschaft! Eines jeden einzelnen!"
Unsere Eliten müssen global, weltgeschichtlich und ganzheitlich denken können, sonst begreifen sie die Welt nicht mehr! Sie müssen wissen, daß man Geschichte kennen muß, um Zukunftsperspektiven haben zu können, um Antworten auf die Probleme der Gegenwart geben zu können!

(8) Bildung als Haltung

Unser Volk sagt das einfacher und kürzer: Wer ahnenlos ist, bleibt ahnungslos! Wer geschichtslos ist, bleibt gesichtslos! Mit Arnold Toynbee können wir sagen: „Geschichte ist die geistige Form, in der sich ein Volk über seine Vergangenheit Rechenschaft gibt, um seine Zukunft zu gewinnen!" Könnte man hier und heute in Abänderung des Wortes Toynbee's nicht auch sagen: „Geschichte ist die geistige Form, in der sich die heutigen Ritterorden über ihre Vergangenheit Rechenschaft geben, um ihre zeitgemäßen Aufgaben als moderne Ritterorden für ihre Zukunft bestimmen zu können?" Die „Ritterrüstung" muß heute eine aufrechte, humane, ritter-

liche, geistliche und geistige Haltung sein. Bildung als Haltung! Die „metallenen Waffen" früherer Zeit müssen die mit Herz und Verstand geführten geistigen Waffen geworden sein! Die „Hospitäler für die Kranken und Verwundeten der Kreuzzüge" damaliger Art sollten heute die „Bildungsstätten" sein, um den vielen „Geistig-Fußkranken" und „Seelisch-Verwundeten" unserer Zeit aktiv und wirkungsvoll helfen zu können. Es gibt im ganzen Lande so viele Bildungsstätten, daß sie in allen Regionen zur Verfügung stehen; diese Bildungsarbeit sogar staatlich per Gesetz anerkannt, finanziell gefördert werden kann. Und der „Geleitschutz" alter Art wird heute zum „geistigen Geleitschutz", der sich in Vortrags- und Diskussionsveranstaltungen darstellen kann und in Schriftenreihen zum Wegbegleiter wird.
Das „weite Feld" der Hilfe, Heilung und Rekultivierung kann das ganze Vaterland, den Einfluß- und Wirkungsraum des Deutschen Ritterordens und auch der Hanse umfassen. Zu den bestehenden „Hilfsgemeinschaften für Kranke und Bedürftige" können bewußt und gezielt weitere „Hilfsgemeinschaften" gebildet werden und zur Aktivierung aller Mitglieder beitragen. So zum Beispiel die „Hilfsgemeinschaft für Jugend, Erziehung und Bildung", „Hilfsgemeinschaft für Königsberg und Nordostpreußen", „Hilfsgemeinschaft für die baltischen Staaten und Ostseeanrainer", „Hilfsgemeinschaft für die deutschen Freundeskreise in Schlesien".

(9) Das Volk ist führungslos

Hier sollte auch kein Zufall walten, sondern konzeptionell vorgegangen werden, indem man eine „Strategie-, Planungs- und Programm-Kommission", bildet und dazu auch eine „Finanz-, Organisations- und Koordinationskommission" aufbaut, die beide dem Organisationspräsidium zugeordnet werden. Und noch eine Gruppe sollte gebildet werden: Man kann

sie den „Politischen Rat“ nennen. Denn der Orden sollte aus Gründen der Wirksamkeit bestrebt sein, auf allen politischen Ebenen möglichst zahlreich mit Amts- und Mandatsträgern vertreten zu sein! Weil wir einer schwierigen Zeit als Volk und Staat entgegengehen, sollten sich die Ordensmitglieder geistig rüsten, sollten politisch handlungsfähig sein! Unser Volk ist führungslos. Es erwartet, daß sich die „planungslosen Eliten“ (so ein Buchtitel von Glotz/Süßmuth/Seitz) zum verantwortungsvollen Handeln zusammentun!
Ein solches Konzept, gut durchdacht und vorbereitet, setzt alle Mitglieder in Verantwortung, zieht alle Generationen magnetisch an, setzt Koordination mit bestehenden Organisationen, Einrichtungen und tragenden Kräften voraus und muß planmäßig und flexibel umgesetzt werden. Dann würde der Orden sehr bald eine gesuchte, gefragte und bekannte Leistungs- und Hilfsgemeinschaft des Volkes sein, für Stürme in Gegenwart und Zukunft gewappnet, eine „Ordensgemeinschaft“ der Gegenwart, die sich zu verteidigen weiß und den Weg in eine bessere Zukunft finden und sichern kann!

Ein Ritter des hl. Johannes vom Spital zu Jerusalem. Zu den Aufgaben der Ordensritter gehörte die tätige Nächstenliebe und der militärische Schutz der ins Heilige Land reisenden Pilger.

Erst überlegen und nachdenken, danach miteinander sprechen, planen und beraten, dann entscheiden, vorbereiten und entschlossen handeln!

Einigkeit macht stark!

(1) Einigkeitsaufruf in der deutschen Nationalhymne

Als der erste deutsche Reichspräsident Friedrich Ebert (1871–1925) am 11. August 1922 das „Lied der Deutschen" durch Verordnung als offizielle deutsche Nationalhymne einführte, deren Text Hoffmann von Fallersleben (1798–1874) am 26. August 1841 auf Helgoland auf Joseph Haydns (1732–1809) im Januar 1797 als Österreichische Kaiserhymne komponierte Melodie dichtete, führte er in seiner Proklamation unter anderem aus: „Einigkeit und Recht und Freiheit! Dieser Dreiklang aus dem Liede des Dichters gab in Zeiten innerer Zersplitterung und Unterdrückung der Sehnsucht aller Deutschen Ausdruck. . . In Erfüllung seiner Sehnsucht soll unter den schwarz-rot-goldenen Fahnen der Sang von Einigkeit und Recht und Freiheit der festliche Ausdruck unserer vaterländischen Gefühle sein." Noch heute mahnt uns die auf die dritte Strophe des Liedes der Deutschen reduzierte Nationalhymne der Bundesrepublik Deutschland, die Einigkeit in Recht und Freiheit zu wahren, das Recht in Freiheit und Einigkeit auch in Anspruch zu nehmen und aufrecht und standhaft die Freiheit für die Einigkeit im Recht einzufordern! Die Nationalhymne bleibt das große Lied der Sehnsucht aller Deutschen!

(2) Einigkeitsaufruf für Volk, Staat und in der Verfassung

Diese Sehnsucht und Forderung nach Einigkeit spiegelt schon der Erkenntnissatz von Ulrich von Hutten (1488–1523): „Ohne Einigkeit muß Deutschland zugrunde gehen"; ruft uns Gerhart Hauptmann mit den Worten zu: „Was in sich einig ist,

ist in sich stark: drum, deutsches Volk, sei einig, einig, einig!"; läßt Schiller (1759–1805) in „Wilhelm Tell" den Bannerherrn Werner Freiherr von Attinghausen auf dem Sterbebett seinen Schweizern sagen: „Drum haltet fest zusammen, fest und ewig –, kein Ort der Freiheit sei dem andern fremd, Hochwachten stellet aus auf euren Bergen, daß sich der Bund zum Bunde rasch versammle – seid einig – einig – einig!" Ein Appell, der auch den Grafen Zeppelin (1838–1917) in seiner Zeit seinen deutschen Landsleuten zu sagen beflügelte: „Vergesset es nie: Nur Einigkeit macht stark! Der Staat ist der mächtigste und umfaßt die glücklichsten Bürger, wo in selbstloser Weise alle einzelnen und alle Parteien die ganze Kraft einsetzen zum Wohle der Allgemeinheit." Es ist eine in vielen Sprichwörtern der Welt immer wieder auftauchende Erkenntnis: „Einigkeit von vielen vermag weit mehr als der stärkste Mann allein" oder „Die Eintracht baut das Haus, die Zwietracht reißt es nieder" und so auch: „Gut' Einigkeit all' Ding erhält, Uneinigkeit zerstört die Welt."
Aus dieser Erfahrung und Erkenntnis begann daher die Verfassung des Deutschen Reiches vom 11. August 1919 mit den Satz: „Das Deutsche Volk, einig in seinen Stämmen und von dem Willen beseelt, sein Reich in Freiheit und Gerechtigkeit zu erneuern und zu festigen, dem inneren und dem äußeren Frieden zu dienen . . ., hat sich diese Verfassung gegeben." Dem wohl ersten politischen Kopf, der die deutschen Stämme zu einigen vermochte, Armin, Hermann der Cherusker (16 v. Chr. – 21 n. Chr.), setzte man am 16. August 1875 im Teutoburger Wald in Nähe von Detmold ein Denkmal. Das dort von Hermann in seiner rechten Hand hochgestreckte Schwert trägt die Inschrift: „Deutschlands Einigkeit meine Stärke. Meine Stärke Deutschlands Macht".

(3) Im einzelnen Menschen das Ganze erblicken

Die Dichter und Schriftsteller unseres Volkes mahnten aber nicht nur die Einigkeit im Ganzen als Volk und Staat an, sondem bemühten sich ebenso, dem einzelnen Menschen zu verdeutlichen, wie er zum Ganzen beitragen kann und warum er es tun sollte. So lesen wir bei Friedrich Rückert (1788–1866):

„Stell Dich in Reih und Glied, das Ganze zu verstärken,
mag auch, wer's Ganze sieht, Dich nicht darin bemerken;
das Ganze wirkt, und Du bist drin mit Deinen Werken."

Mit anderen Formulierungen, aber das gleiche Ziel im Auge, sagte uns Reichsfreiherr vom und zum Stein (1757–1831). „Ich diene! Nicht dem Menschen, der mich demütigen will, keinem Menschen, sondern dem Großen, das wir noch nicht erfassen, dem Gemeinsamen! Und indem ich ihm diene, bin ich selbst das Gemeinsame. Und wie ich diene, so soll das Volk dienen, jeder einzelne dem Ganzen, damit es selbst, damit jeder groß werde, indem er im Ganzen wirkt und ruht!" Ähnlich auch Rudolf G. Binding (1867–1938). „Du sollst fühlen lernen: das, was dein Vaterland ehrt, ehrt auch dich; das, was dem Vaterlande dient, dient auch dir; das, was dem Vaterlande nützt, nützt auch dir, das, was dem Vaterlande not tut, tut auch dir not, worauf dein Vaterland stolz ist, wird auch dich stolz machen." Aus diesen Einsichten kann man mit Joseph Hiess (1904–1973) feststellen:

„Wir glauben daran, daß ein Volk nicht vergeht,
solange der Bruder zum Bruder steht,
solange wir einig zum Schutze bereit,
ist unser das Leben, ist unser die Zeit."

Es gilt für uns alle noch heute die Ermahnung von Paulus (Eph. 4.3), „die Einigkeit im Geist zu halten", und die uns von

Antoine de Saint-Exupéry (1900–1944) hinterlassene Erkenntnis: „Eine Gemeinschaft ist nicht die Summe von Interessen, sondern die Summe an Hingabe!“ Und, so ist hinzuzusetzen, je stärker der einzelne Mensch einer Gemeinschaft ist an Kraft, Vielfalt, Ausstrahlung und in sich einig, um so mehr wirkt diese Gemeinschaft, wenn sie auch in sich einig und damit stark ist, in die Außenwelt! Das Thema „Einigkeit macht stark“ umfaßt sowohl den einzelnen Menschen mit seinen Anlagen und Fähigkeiten und die weitere Entwicklung derselben als auch die Bedeutung der verschiedenen Gemeinschaftsformen des Menschen als notwendigen Entwicklungsrahmen für ihn sowie die hervorragende Rolle der Einigkeit in der Bündelung der entwickelten Kräfte im jeweiligen Verband und damit verbundene Stärke nach außen!

(4) Anthropologische und soziologische Verflochtenheit des Menschen

Um die „Vielfalt in der Einheit“ menschlicher Bezüge und Verbindungen zu den Lebensformen des Menschen und deren strukturellen Aufbau und Verbund zu veranschaulichen, nachfolgend als Zwischeninformation zwei schematische Beispiele (Abb. 1 und Abb. 2) mit textlichen Erklärungen über deren Sinngehalt (siehe nebenstehend):

A) Junge Menschen in der Spannung zwischen Freiheit und Ordnung

1. Idealstruktur (s. Abb. 1). Nehmen wir an, der junge Mensch, der uns anvertraut wurde und vor uns steht, hat ein glückliches Zuhause, seine Eltern leben in geordneten

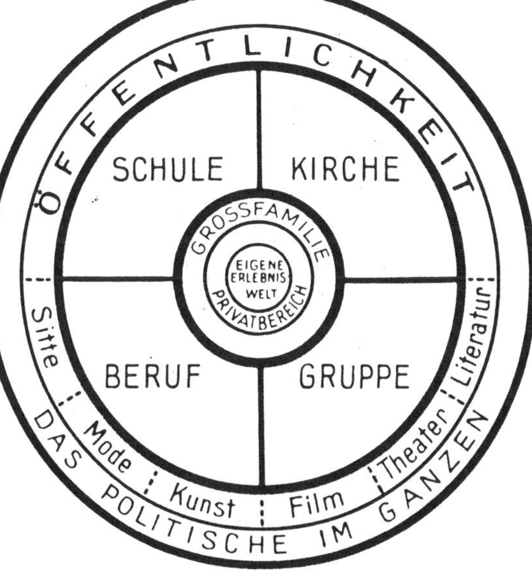
ÖFFENTLICHKEIT
SCHULE
KIRCHE
BERUF
GRUPPE
GROSSFAMILIE
EIGENE ERLEBNIS WELT
PRIVATBEREICH
Sitte
Mode
Kunst
Film
Theater
Literatur
DAS POLITISCHE IM GANZEN
Abb. 1

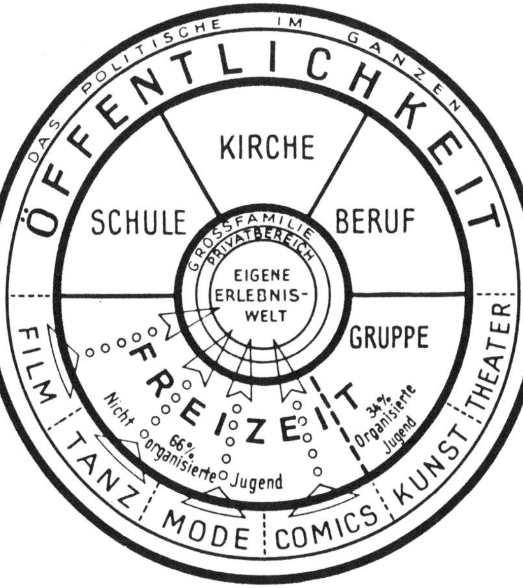
DAS POLITISCHE IM GANZEN
ÖFFENTLICHKEIT
KIRCHE
SCHULE
BERUF
GROSSFAMILIE
PRIVATBEREICH
EIGENE ERLEBNIS-WELT
GRUPPE
FREIZEIT
Nicht 66% organisierte Jugend
34% Organisierte Jugend
FILM
TANZ
MODE
COMICS
KUNST
THEATER
Abb. 2

Verhältnissen, sie umsorgen, verstehen und fördern ihn nach Kräften, die Angehörigen der weitläufigen Familie (Groß-Familie) unterstützen sie dabei im besten Sinne, ihm blieb stets ein individueller Entfaltungraum (Privatbereich), seine eigene Erlebniswelt war im Rahmen solcher „Nestwärme" (s. starker Innenring) jugendgemäß und erfreulich ausgeglichen, dann hatte er wahrscheinlich eine glückliche Kindheit und bringt dadurch gute Voraussetzungen für die Meisterung zukünftiger Lebensaufgaben mit. Kirche und Schule, Gruppe und Beruf als weitere Lebensräume nahmen ihn im Laufe der Zeit auf und gaben ihm im Zusammenwirken mit dem Elternhaus Wissen und Können, Sicherheit und rechte Maßstäbe, mit denen er in der Öffentlichkeit bestehen kann, sich der Verantwortung für das Politische im Ganzen bewußt wird und danach auch handelt. Dieser junge Mensch, so kann angenommen werden, wird wissen, was er will, und versteht, warum und wofür er arbeitet und dient!

2. Extremstruktur (s. Abb. 2). Unsere jüngste Geschichte ist nicht so verlaufen, daß ein „glückliches Zuhause" sich allgemein erhalten konnte. Vielfach waren die Mitglieder der Familie (Groß-Familie) versprengt, vermißt oder umgekommen. Jeder hatte mit sich selbst zu tun, keiner konnte sich so recht um unsere jungen Menschen kümmern, Raum- und Wohnverhältnisse engten seinen Privatbereich stark ein, er mußte manche ungewöhnlichen Dinge sehen und anhören, erleben und erleiden, so daß seine eigene Erlebniswelt von unnatürlichen und ihn überfordernden Eindrücken negativ erweitert und bestimmt wurde. Kirchen und Schulen waren zahlreich zerstört, es fehlte an Seelsorgern und Lehrern, der Erziehungseinfluß, die Lebenshilfe dieser Bereiche, war durch die Umstände eingeschränkt, der Beruf wurde weniger zur „Berufung", sondern zum „Job". Die Gruppe schien „überholt", die Freizeit „öffnete der anbrandenden Reizflut einer ungehemmten Öffentlichkeit Tür und Tor, der unser junger Mensch nun ohne hinreichende Widerstandskraft und Orientierungshilfe ausgesetzt war, die ihn gefangen hielt, ihm alles bedeutete und ihm so den Blick für das Politische im Ganzen verstellt hat. Er hat kein echtes „Zuhause", ihm ist „Vaterland" ein leeres Wort, „Freiheit als Bindung" eine unbekannte Vorstellung und „Dienen" eine ungeheure Zumutung! Vielleicht steht dieser junge Mann gerade vor uns!? Wir müssen ihn erkennen und sein Sosein zur Kenntnis nehmen.

3. Gewiß – die beiden Bilder sind überhöht gezeichnet, sie stellen eine Idealstruktur und einen negativen Extremfall einander gegenüber, aber zwischen ihnen liegen die vielfältigen individuellen Struktur- und Situationsbilder, hat ein jeder von uns seinen Platz und auch sein Anrecht darauf, als unverwechselbares Einzelwesen erkannt und aus seiner ganz besonderen gesellschaftlichen und speziellen Umweltsituation heraus verstanden und gewürdigt zu werden. Letzteres ist daher eine ständige Aufgabe jedes in Verantwortung stehenden Erziehers, die von ihm ein unablässiges Bemühen um jeden einzelnen Mitmenschen fordert, ihm jegliches „Pauschalurteil" über diesen verbietet und ihn daran erinnert, daß Erziehung und Bildung nur in offener, erkennender, verstehender und zugewandter Haltung und Bereitschaft von Mensch zu Mensch geschehen können.

B) Einzelperson und Gemeinschaftswesen

Jeder Mensch wird durch seine Geburt in der Familie, durch Erziehung, Schule, Beruf usw. allmählich in das Leben seines Volkes eingeführt und eingegliedert. Nach des Schöpfers Ordnung ist der Mensch Einzelperson und Gemeinschaftswesen. Wir alle betrachten uns zunächst als Individuum, als Einzelperson, d.h. wir sehen in uns ein einzigartiges, von allen anderen verschiedenes Wesen, das in seiner körperlich-seelischen Beschaffenheit dem anderen nie ganz gleich ist. Ein

Wesen, das in einer ihm eigenen Weise denkt, fühlt und handelt, seine eigenen Ansichten und Ideale, seine eigene Religion, seine eigene Moral usw. besitzt.
Wenn wir uns so einerseits als Einzelperson fühlen, so wissen wir doch auch andererseits, daß keiner von uns für sich allein besteht, daß wir in Zusammenhängen überpersönlicher Art verflochten und daß wir Teile eines Ganzen sind. Wir leben als Einzelpersonen in den kleineren und größeren Gemeinschaften unseres Volkes, aus dem ein Herauslassen ein Ding der Unmöglichkeit ist. Das tägliche Leben zeigt uns, mit wie vielen Gemeinschaften wir immer wieder zu tun haben. Wir können sie uns aus dem täglichen Leben gar nicht wegdenken, ohne unsere Existenz zu gefährden. Zu ihnen gehören auch die Ritterorden.
Die Verflochtenheit des Einzelwesens (Individuums) in seine Umwelt, in die große Zahl der Gruppen bzw. Organisationsformen und die soziale Verschränktheit des einzelnen Lebens zeigt die Skizze. Zur besseren Übersicht sind die Gruppen und Teilgebiete der Gemeinschaften durch eine waagerechte Linie in eine obere und untere Hälfte eingeteilt. In Wirklichkeit sind jedoch, wie wir überall im Leben erkennen, diese Gruppen wieder miteinander verflochten.
Wir sehen in der oberen Hälfte die erd- und volksnahen Gruppen, auch Blutsgemeinschaften genannt, wie Familie, Sippe, Stamm (Haus, Heimat), in die wir hineingeboren werden. Ihnen können wir nicht entrinnen oder uns deren Einfluß entziehen. Sie sind naturhaft, natürlich gewachsen. Auf der anderen Seite, unterhalb der waagerechten Linie, stehen als Teilgebiete die verschiedenen ziel- und zweckhaft organisierten Gruppen, z.B. politische, kulturelle, wissenschaftliche, künstlerische, religiöse und sportliche Gruppen aller Art. Sie entstanden durch Vereinigung von Einzelpersonen, die gleiche Ziele und Anschauungen vertreten und einen bestimmten Zweck verfolgen. In diesem Feld haben die Ritterorden ihren Platz. Weitere Gruppen entstanden durch den Grundsatz der

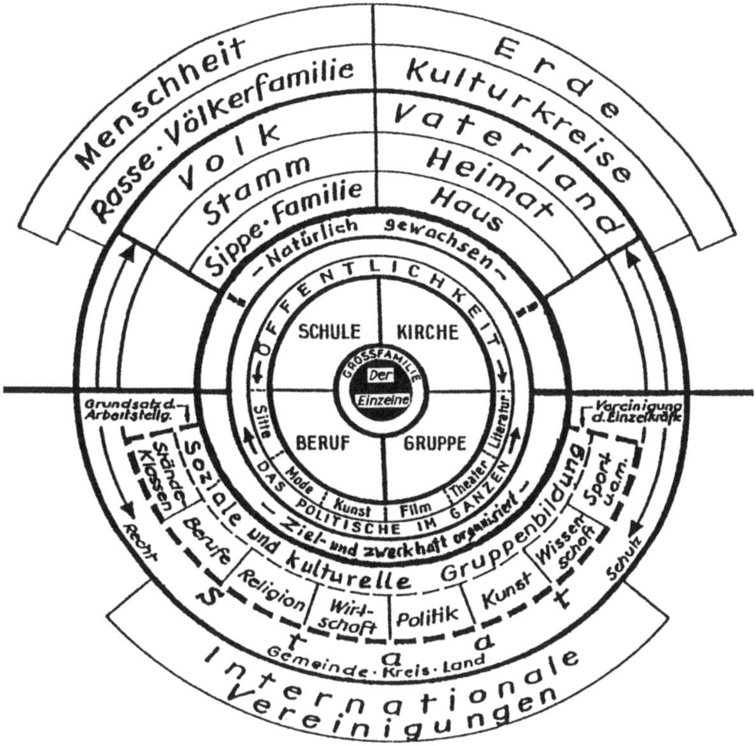

Arbeitsteilung innerhalb des Volkes, wie Berufe, Wirtschaftszweige, soziale Schichtungen und andere mehr.
In der Gesamtheit der Gruppen nimmt die natürlich gewachsene Gemeinschaft des Volkes, d.h. der Menschen, die in einem gemeinsamen Vaterlande wohnen, eine besondere Stellung ein. Alle Gruppen, die eingebettet sind in die Gesamtheit des Volkes, empfangen durch diese eine besondere Prägung. Die Eigenart des Volkes, der Volkscharakter, die körperliche, seelische und geistige Veranlagung usw. beeinflussen stark Art und Inhalt der Gruppenbildungen. In enger Beziehung zum Volk steht der Staat als größte ziel- und zweckhaft organisierte Gruppe. Er empfängt vom Volk die lebendigen Kräf-

te, die diesem als Natur- und Kulturwesen innewohnen. Andererseits gibt er dem Volk in seiner sozialen Gliederung die Rechts- und Schutzordnung (Verfassung, Gesetze), die es bei seiner eigenen Schicksalsgestaltung nicht entbehren kann. Über die Verbundenheit der Volksglieder hinaus steht das Gemeinsame der Völkerfamilien, der Rassen, der Kulturkreise, steht die Menschheit mit der Erde als ihrem Wohnhaus. Zahlreich sind die ziel- und zweckhaft organisierten internationalen Vereinigungen auf politischem, wirtschaftlichem, kulturellem, sozialem Gebiet, die dazu beitragen, die Völker einander näherzubringen.
So sehen wir, daß der einzelne nicht im „luftleeren" Raume steht, sondern ein Glied des Ganzen ist. Gliedsein und Ganzheit bedingen einander. Das Ganze wächst und entfaltet sich an seinen Gliedern; die Glieder empfangen die sie erhaltende und formende Lebenskraft vom Ganzen. Diese Wechselbeziehungen verlangen, daß der einzelne alle seine Anlagen und Fähigkeiten entwickelt und so zu einer Persönlichkeit reift, die im öffentlichen und staatlichen Leben freiwillig und befähigt tätig ist. Von der sozialen und politischen Persönlichkeit verlangt man als Idealform Ganzheit im Einzelleben und Ganzheit im Volksleben. „Immer strebe zum Ganzen, und kannst du selber kein Ganzes werden, als dienendes Glied schließ an ein Ganzes dich an" (Schiller). Verbundenheit bzw. Gesamtheit einerseits, Einzigartigkeit und Eigenart andererseits sind keine Gegensätze, sondern die beiden Pole menschlichen Daseins und dessen Vielfalt.

(5) Einig, stark und sinnverwandte Ausdrücke

Will man die ganze Bedeutung des Inhalts und der Aussage des „geflügelten Wortes" als Denkanstoß „Einigkeit macht stark" auch im Hinblick auf Ordensritter und Ritterorden voll ausschöpfen, kann ein „Wörterbuch sinnverwandter Ausdrücke" hilfreich sein. Das Wort „Einigkeit" ist sinnverwandt mit Eintracht, Einklang, Gleichklang, Übereinstimmung, Gemeinschaft, Zusammenarbeit, Zusammengehörigkeit, Vereinigung, Freundschaft und auch Brüderlichkeit und Bruderschaft. „Einigkeit" ist geradezu eine Voraussetzung, eine Existenzbedingung eines Ritterordens als Bruderschaft und zugleich ein steter Beitrag, eine ständige Verpflichtung der Ordensritter. Ebenso erweist sich zu „stark" als sinnverwandt: kräftig, kraftvoll, haltbar, kernhaft, rüstig, bedeutend, mächtig, wirksam, einflußreich, seelenstark, charaktervoll, willensstark, aufrecht, beherrschend, dauerhaft, dienstfähig, eisern, fest, gewaltig, gewichtig und herzhaft. Ergänzen wir diese breite Vielfalt noch durch sinnverwandte Ausdrücke zu „Stärke", dann ergeben sich Begriffe wie Kraft, Macht, Mächtigkeit, Intensität, Durchschlagskraft, Einfluß, Ansehen, Ernst, Haltung, Mannesmut, Festigkeit, Seelenstärke, Mannhaftigkeit und Größe. Es kann daher nicht verwundern, wenn im verkürzenden Jugendjargon unserer Zeit der Ausdruck „stark" für vieles steht! „Das ist stark!" ist eine ständig wiederkehrende Aussage!

Unschwer ist zu erkennen, daß hinter dem Appell „Einigkeit macht stark" der gesamte Tugendkatalog des Rittertums steht und für die Verwirklichung von „Einigkeit macht stark!" Fundament, Lebenselement und ständige Aufgabe darstellt! So selbstverständlich „Einigkeit" und sich daraus entwickelnde „Stärke" zu den Funktionsgrundlagen eines Ritterordens auch gehören mögen, muß doch angemerkt werden, daß die ritterlichen Tugenden und das Thema „Einigkeit macht stark" wie anderes auch mehr als bisher in Ordensseminaren im Interesse verstärkter Bewußtseinsbildung gefestigt werden sollten. Die ordensinterne Einigkeit und nach außen wirkende Stärke bedürfen der Pflege, der geistig-seelischen Festlegung, der Argumentationsförderung und der ständigen Bewährung.

Nach dem Fall von Akkon und den Niederlagen der Ritterorden in den Endkämpfen in Palästina verließen sie mit dem Ausklingen der Kreuzzugsepoche das Land und benutzten Ende des 13. Jahrhunderts Zypern als Auffang- und Zwischenstation. Während die Templer und Johanniter sogar ihren Hochsitz nach Zypern verlegten, richtete der Deutsche Orden seinen Hauptsitz vorübergehend in Venedig ein. Schon in dieser Zeit traten Bestrebungen auf, nach dem Fall von Akkon die drei Ritterorden zu vereinen. Als dann 1309 der Templerorden aufgelöst wurde, 1310 die Johanniter ihren Hauptsitz nach Rhodos verlegten und der Deutsche Orden auch 1309 seinen Hauptsitz nach Marienburg verlegte, zerflogen diese Pläne. Das Thema kam wieder auf, als für den Deutschen Orden die Schlacht bei Tannenberg 1410 verlorenging und die Polen in Geheimverhandlungen 1418 versuchten, den Deutschen Orden loszuwerden in Richtung Zypern oder Rhodos! 1437 wird der Plan sogar von Kaiser Sigismund nochmals aufgegriffen und wurde dabei von einer Vereinigung des Deutschen Ordens mit den Johannitern gesprochen. Noch 1519 und 1521 wurden solche Pläne von polnischer Seite wiederholt. Man war der Auffassung, daß nur eine Vereinigung der Kräfte der geistlichen Ritterorden dann im Orient eine gewisse Sicherung gebracht hätte. Auch Kaiser Friedrich III. hatte sich mit dem Plan getragen, die drei großen Ritterorden zu vereinigen. Dazu gehörte ebenfalls der St. Georgs-Orden, der nach Ende der Templer zu Bedeutung gelangt war. Wie die Geschichte lehrt, ist letztlich aus diesen Vorstellungen nichts geworden. Das Beispiel aus der Geschichte der größeren Orden soll zeigen, daß es schon einmal nicht nur um die Einigkeit von Ritterorden ging, sondern sogar um deren Vereinigung! Ein so weitgehendes Ziel ist hier nicht gemeint, aber die Frage der Kontakte und einer gewissen Zusammenarbeit der Ritterorden im allgemeinen und in Deutschland im besonderen sollte doch angesprochen werden. Es gibt die alten, tra-

ditionsreichen, größeren Ritterorden, die auf karitativer Ebene zum Teil weltweit tätig sind, denen man gelegentlich nachsagt, sie würden auf mittelgroße und kleinere Orden mit weniger großer Tradition doch sehr herablassend niederblikken. Aber auch zwischen den mittleren und kleineren Ritterorden, zum Teil mit traditionsreicher Vergangenheit oder auch erst Neugründungen, die vergangene Traditionen wiederbeleben möchten, herrscht nicht unbedingt immer gute oder normale Beziehung. Verbreitet ist auch die Meinung, daß hier zuviel Gewicht auf Äußerlichkeiten und gesellschaftliches Leben gelegt wird, also mehr Schein als Sein, es aber an Seriosität und karitativer Leistung eher mangele.
Was auch immer sein mag: Angesichts des zunehmenden geistig-moralischen Verfalls in allen Bereichen des Lebens unseres Landes, im Hinblick auf die hohen Tugenden und strengen Regeln, denen sich alle Orden verpflichtet fühlen, und bei aller Anerkennung des karitativen Einsatzes muß gesagt werden, daß sich Ritterorden in heutiger Zeit weit mehr als bisher der geistigen Herausforderung stellen sollten, den „Seelisch-Verwundeten" mehr „Geistigen Geleitschutz" und Hilfe zu garantieren, den ritterlichen Tugenden im täglichen Leben und in der Politik das Wort zu reden im Geiste des Apostels Paulus: „Verkünde das Wort, tritt dafür ein, ob man es hören will oder nicht!" Albert Schweitzer (1875–1965) wußte es und handelte danach: „Die Wahrheit muß getan werden!" Heute gilt es auch, im Geistig-Politischen zu handeln, denn, so Karl Jaspers (1883 – 1969): „Zuzusehen in der Politik heißt: nicht zu existieren!"
Aufgrund der ritterlichen Tugenden, der preußischen Tugenden, der Grundrechte im Grundgesetz und der Zehn Gebote der Bibel sollte man auch in der Vielfalt der Welt der Ritterorden sich auf gemeinsame Verantwortung besinnen, miteinander Kontakte aufnehmen und Zusammenarbeit pflegen. Auch hier gilt für jeden und für alle:

EINIGKEIT MACHT STARK!

Hornberg, Burg des Ritters Götz von Berlichingen

Ritterakademien

Bildungsanstalten für junge Adlige im 16. – 19. Jahrhundert zur Vorbereitung für den Heeres-, Hof- und Staatsdienst

Für heutige Ritterorden in zeitgemäßer Form eine neue Bildungs- und Sammlungsstätte?

(1) Ein Denkanstoß

Liest man im Briefe des heiligen Apostels Paulus an die Römer „Die Grundzüge der christlichen Lebensführung" und darin die Aufforderung, „paßt euch dieser Welt nicht an, sondern gestaltet euch um durch die Erneuerung der Gesinnung, damit ihr prüft, was der Wille Gottes ist, nämlich das Gute, Wohlgefällige und Vollkommene", und liest man in seinem Brief an die Epheser im Kapitel „Die geistliche Waffenrüstung" den Appell, „werdet stark im Herrn und in seiner gewaltigen Kraft. Legt die volle Waffenrüstung Gottes an, damit ihr den Nachstellungen des Teufels widerstehen könnet. . . : Eure Lenden umgürtet mit der Wahrheit, angetan mit dem Panzer der Gerechtigkeit, beschuht an den Füßen mit der Bereitschaft für das Evangelium des Friedens. Zu alledem ergreift den Schild des Glaubens, mit dem ihr alle feurigen Pfeile des Bösen auslöschen könnt. Nehmt den Helm des Heiles und das Schwert des Geistes, nämlich das Wort Gottes", und dazu den Zusatz, „verkünde das Wort, tritt dafür ein, ob man es hören will oder nicht", dann zeigt sich geistige Führerschaft auch in der Moral-Enzyklika „Veritatis splendor" („Glanz der Wahrheit") des ehemaligen Papstes Johannes Paul II., wenn er darin erneut moralisches Handeln in Politik, Wirtschaft und Gesellschaft, den Vorrang der Ethik

vor der Technik, den Primat der Person vor den Dingen und die Überordnung des Geistes über die Materie fordert.
Es ist überzeugend, was der damalige Meister und Vorsteher der Bruderschaft der Hospitaliter und Gründer des Johanniterordens, Fra Gerard (Bruder Gerhard), als eine die Zeiten überdauernde Aufgabe festgestellt hat: „Unsere Bruderschaft wird unvergänglich sein, weil der Boden, in dem die Pflanze wurzelt, das Elend dieser Welt ist, und weil, so Gott will, es immer Menschen geben wird, die daran arbeiten wollen, dieses Leid geringer, dieses Elend erträglicher zu machen!" Und es spiegelt eine zeitgemäße Umstellungskonsequenz, wenn Robert Dauber vom „Malteser Hospitaldienst Austria" in Wien erklärt: „Die Festungen des Ordens sind heute seinen Krankenhäusern, die berühmte Flotte des Ordens seiner Flotte von Krankenwagen, die militärischen Ritter von einst sind seinen ritterlichen Kämpfern gegen das Elend in dieser Welt, die Rüstungen den Krankenpflegerkleidungen gewichen!" Doch hier stellt sich die Frage: Hat das Elend in dieser Welt nur eine physische Seite? Gibt es nicht auch ein geistiges Elend auf dieser Welt, das meist Verursacher des physischen Elends ist? Kann man das nur mit Krankenhäusern und Krankenwagen und Krankenpflegern aus der Welt schaffen? Umfaßt der Tugendkatalog in der Tradition der Ritterorden nicht ein viel größeres Feld der Mitverantwortung für ein freiheitliches und humanes Leben der Menschen und Völker auf dieser Welt?! Sind Ritterorden in dieser Zeit eingedenk ihrer menschenbildenden Tugenden und weltgeschichtlichen Leistungen nicht auch traditionell verpflichtet, sich ebenfalls den bildungspolitischen und staatspolitischen Aufgaben zu stellen und mit ihren besten Kräften auch zur Verfügung zu stellen?! Und das in dem Sinne, daß der „militärische Geleitschutz" für die christlichen Pilger in damaliger Zeit heute durch einen „geistigen Geleitschutz" für die Menschen auf ihren Wegen in eine ungewisse Zukunft abzulösen ist, daß die „Ritterrüstung" von

damals heute in eine „geistige Rüstung“ umgewandelt werden muß, die „metallenen Waffen“ früherer Zeit heute zu mit Herz und Verstand geführten „geistige Waffen“ werden müssen. Und dann auch die Burgen der Ritter und die Hospitäler für die Kranken und Verwundeten der Kreuzzüge von ehemals heute die „Lehr- und Bildungsstätten“ für die zahlreichen „Geistig-Fußkranken“ und „Seelisch-Verwundeten“ unserer Zeit sein sollten.
Es gehört unübersehbar zur verdienstvollen Tradition der Ritterorden, daß ihre Mitglieder nicht nur gläubige Christen, hilfreiche Samariter und tapfere Ritter waren, sondern sie hatten in ihren Reihen und Führungsgremien zudem ebenfalls hervorragende Diplomaten, Heer- und Staatsführer. Ritterorden waren nicht nur staatstragend, sondern auch staatsbildend, wie es die Ordensstaaten im Heiligen Land, Malta und in Preußen sowie an anderen Stellen ausweisen. Diese Seite der Wirklichkeit in der langlebigen Existenz der Ritterorden gehört in die aus der Vergangenheit wiederzubelebende Tradition! Die stark im Vordergrund stehenden karitativen Tätigkeiten und Leistungen heutiger Ritterorden bedürfen aus der Tradition der Ritterorden und den zeitbedingten Herausforderungen in der Gegenwart einer Reaktivierung bildungspolitischer Aufgaben und staatspolitischer Handlungsfähigkeit zur Wiederherstellung der ganzen Bandbreite ordensritterlicher Verantwortungsfelder. Als das Rittertum im 15. und 16. Jahrhundert durch einschneidende Veränderungen der existentiellen Rahmen- und Lebensbedingungen an Bedeutung verlor und in den Hintergrund gedrängt wurde, antwortete es auf diese Herausforderung mit der Gründung von „Ritterakademien“ als Bildungsanstalten für junge Adlige zwecks Vorbereitung für den Heeres-, Hof- und Staatsdienst im Laufe des 16. bis 19. Jahrhunderts – so wie einst Preußen, als es nach der Niederlage von Jena und Auerstedt nicht auf Rache und Vergeltung sann, sondern eine „Alma mater“, die Friedrich-Wilhelms-Universität, später

Humboldt-Universität genannt, 1809/10 zu Berlin als Meilenstein für eine gesunde Zukunft aus der Erkenntnis gründete, die der damalige preußische König Friedrich-Wilhelm III. mit der klassischen Formulierung erklärte: „Der Staat muß durch geistige Kräfte ersetzen, was er an physischen verloren hat!“ In diesem Sinne kam es in jenen Zeiten zu Gründungen von „Ritterakademien“ in Tübingen (1589), Kassel (1599/1709), Kolberg (1653), Lüneburg (1655), Halle/Saale (1680), Wolfenbüttel (1687), Erlangen (1699), Brandenburg/Havel (1704), Berlin (1705), Liegnitz (1708), Ettal (1711), Hildburghausen (1714), Dresden (1725), Braunschweig (1745) und Wien (1746). Die Ritterakademien, die im 17. und 18. Jahrhundert für den jungen Adel teils von den Landesherren, teils von adligen Körperschaften gegründet wurden und eine den Standesbedürfnissen entsprechende höfische und humanistische Bildung vermittelten, wurden später teils aufgelöst, teils in Gymnasien, Realgymnasien, Kadettenanstalten, Kriegsschulen umgewandelt oder auch Universitäten angeschlossen.

(2) Über das mittelalterliche und ritterliche Bildungswesen

Karl der Große (768 – 814) war der erste weltliche Herrscher im abendländischen Raum, der mit politischem Weitblick für die Bildung der Völker seines großen Reiches Sorge trug. Die von ihm gepflegte kaiserliche Hofakademie, eine nach antikem Muster entwickelte Pflanzstätte eines geistig hochbeschwingten Lebens, strahlte ihre Einflüsse auf die Gestaltung und Fortentwicklung damals im Aufbau befindlicher oder schon bestehender Schulen aus. Mit dem Beginn des Mittelalters ist auch der Anfang der christlich-europäischen Kultur zu erkennen. Dabei geht es um eine volksgemäße, menschliche und weltliche Geisteskultur. Die führenden Benediktinerschulen wirkten früh auf allen Gebieten der Bildung und

Erziehung mit. Ähnlich wirkten Zisterzienser und Prämonstratenser als Orden im deutschen Osten. Die Deutschherren unter Hochmeister Winrich von Kniprode entfalteten im gleichen Sinne ihre segensreiche Tätigkeit. Weitsichtig der Ausspruch des Hochmeisters: „Es wird unserem Orden nie an Geld und Gut, wohl aber an klugen und getreuen Leuten mangeln, darum muß man nicht bloß einige, sondern viele Schulen in Preußen anlegen!“ Während des Mittelalters entstanden Dom- und Kathedralschulen, Küsterschulen, Lehreinrichtungen der Zünfte, Stadtschulen, die besonders erfolgreichen Universitäten und nach der Epoche der Kreuzzüge auch die Ritterakademien. Die ritterlichen Erziehungsideale in der Glanzzeit des Standes waren Schutz der Heimat und der Kirche, Einsatz für Wahrheit und Recht sowie Hilfe den Schwachen und Unterdrückten. Die Grundlage bildete die Religion. Obwohl die ritterliche Erziehung des Mittelalters nur einen kleinen Kreis des deutschen Volkes umfaßt hat, so ist sie dennoch einflußreich und bedeutungsvoll für das deutsche Schulwesen gewesen. Durch die ritterliche Erziehung wurden nationale Bildung, christliche Frömmigkeit und Hochachtung vor der Frau gepflegt. Sie war der griechischen Paideia ähnlich. Das zeigt sich auch in der sonst meist vernachlässigten Körperbildung. Miguel de Cervantes (1547–1616) schrieb in seinem „Ingenioso hidalgo Don Quijote de la Mancha“ ein Klagelied über die veränderten Zeiten und das dahingeschwundene Ritterideal. Es waren dann auch die gegründeten Ritterakademien, die die ritterlichen Ideale bis in unsere Zeit trugen.

Es mag bemerkenswert sein, daß man heute selbst in großen Lexika kaum etwas oder gar nichts über die Ritterakademien erfährt, daß die durchaus vorhandene Literatur meist älterer Art ist und daß in heutigen Ordensritterkreisen über die Ritterakademien kaum etwas bekannt zu sein scheint. Aus diesem Grunde sind diesem Beitrag am Ende „einige Literaturangaben über Ritter-Akademien zum Studium“ angefügt. Hinsichtlich der Geschichte des Rittertums, der daraus hervorgehenden Schwerpunkte der ritterlichen Tradition, die eben auch die Bereiche der Erziehung und Bildung und darin der Ritterakademien sowie der Staatspolitik einschließt, fällt heutzutage bei den Ritterorden eine gewisse Einseitigkeit im Traditionsverständnis auf. Was auch immer sein mag: Angesichts des zunehmenden geistig-moralischen Verfalls in allen Bereichen des Lebens unseres Landes, im Hinblick auf die hohen Tugenden und strengen Regeln, denen sich alle Ritterorden in unserer Zeit laut ihren Statuten und Satzungen verpflichtet fühlen, und bei aller Anerkennung des karitativen Einsatzes muß gesagt werden, daß sich Ritterorden in heutiger Zeit weit mehr als bisher der geistigen Herausforderung stellen und den ritterlichen Tugenden im täglichen Leben und in der Politik das Wort reden sollten im Geiste des Apostels Paulus: „Verkünde das Wort, tritt dafür ein, ob man es hören will oder nicht“, im Sinne Albert Schweitzers: „Die Wahrheit muß getan werden“, und wissend mit Karl Jaspers: „Zuzusehen in der Politik heißt: nicht zu existieren“! Und wenn bewußt werden sollte, daß man „zum Verkünden“ zu wenig Kenntnisse hat und daher „die Wahrheit nicht tun“ und nur noch „zusehen“ kann, dann muß man in „Ritterskreisen“ wie die Preußen nach Jena und Auerstedt und die Ritterorden nach der Kreuzzugsepoche dem Übel zu Leibe rücken und in gemeinsamer Anstrengung unter Ausschöpfung aller heutigen Möglichkeiten seine „Alma mater“, seine „Ritterakademie“, als „Antwort“ auf die bisher noch nicht gemeisterte „Herausforderung“ gründen!

(3) Gedanken zu einem „Aktionsprogramm Ritterakademie“

1. Besprechung „Aktionsprogramm Ritterakademie“ auf der Grundlage dieses Beitrages im Kapitelrat der jeweiligen Ritterorden, die den Beitrag erhalten haben. Weitergabe an Ritterorden, mit denen man in Verbindung steht, bis auf diesem Wege alle Ritterorden den Beitrag in Händen

haben. Der jeweilige Kapitelrat entscheidet, ob der Großmeister (Hochmeister, Herrenmeister u.a.) oder ein Beauftragter die Aktion übernimmt und den Ritterorden in der Sache in Gremien vertritt. Nach Durchgang des Ritterakademie-Beitrages und Entscheidung zur Mitwirkung verabreden die Ordensvertreter aller beteiligten Ritterorden einen ersten Sitzungstermin. Die gemeinsamen Beratungen beginnen. Die Orden kommen sich „durch Arbeit" in gemeinsamer Sache näher!

2. Da es sich in der Sache in dieser Zeit auch um ein nationales Anliegen handelt, an dem auch andere, ähnlich gesonnene Verbände interessiert sein könnten, ist zu prüfen, ob der Deutsche Adelsverband und seine Familienverbände, Soldaten- und Offiziersverbände, Korporationen, Traditionsverbände, Landsmannschaften und andere an einer Mitarbeit interessiert sein und gewonnen werden könnten.
3. Das Ziel ist, unter dem Begriff „Ritterakademie" eine gemeinsame, modern gestaltete und von allen Mitgliedsverbänden getragene Bildungsstätte zu errichten, die den gemeinsamen Bildungszielen und jeweiligen innerverbandlichen und nationalen Aufgaben gleichermaßen dienen kann. Ein breitgefächertes Erfahrungs- und Sachverständigengremium aus Mitgliedern der beteiligten Orden und Verbände übernimmt Beratung, Planung, Vorbereitung, Abstimmung und letztlich Ausführung der gemeinsam beschlossenen Entscheidungen in personeller, ideeller, materieller, finanzieller, wirtschaftlicher und politischer Hinsicht. Dazu gehören dann auch die Lehrplanentwicklungen für das abgestimmte Bildungsprogramm. Alle Unterstützungsmöglichkeiten sind auszuschöpfen, alle rechtlichen Voraussetzungen zu erwirken.
4. Es liegt nahe, daß eine solche Stätte in einem Schloß oder einer Burg oder in Anlehnung daran ein traditionelles Umfeld hätte. Bekannt ist auch, daß heutzutage Schlösser und Burgen vielfältig bundesweit angeboten werden. In

den Anfängen ließen sich auch Gastvereinbarungen oder Teilhaberverträge bei bestehenden Einrichtungen in solchen traditionsgeprägten Gebäuden schließen und vorsehen. Es handelt sich um ein in die Zukunft gerichtetes, gerade für die qualifizierte Jugend gedachtes, als Langzeitprogramm aufzufassendes und das traditionelle Ritterideal fortführendes Gemeinschaftsprojekt von tatkräftigen und weitsichtigen Deutschen, die bereit sind, nicht für sich, sondern einer großen Idee zu leben!

„Die Einigkeit baut das Haus, die Zwietracht reißt es nieder!"
„Gut' Einigkeit all' Ding erhält, Uneinigkeit zerstört die Welt!"
- Sprichwörtlich aus Volkes Mund -

(4) Einige Literaturangaben über Ritterakademien zum Studium

1. BLAU, Karl Friedrich (Jeweils in dem Jahresprogramm der Ritterakademie Liegnitz von 1840, 1841, 1842): Geschichte der Königlichen Ritter-Akademie zu Liegnitz. Von 1741 – 1809.
2. BLEEK, Klaus: Adelserziehung auf deutschen Ritterakademien: Die Lüneburger Adelsschule 1655 – 1850. Frankfurt am Main, Teil 1, 1977.
3. BLUME, Wilhelm Hermann (Im Programm der Ritterakademie Brandenburg 1837, S. 1 – 16): Einiges über höhere Schulen überhaupt und die Ritter-Akademie insbesondere.
4. BOERGER, Ute: Leibesübungen und Leibeserziehung in der Lüneburger Ritterakademie. Dipl. Arbeit der Dt. Sporthochschule Köln, SS 1966. (Stadtarchiv Lüneburg).
5. CICALEK, Theodor: Beiträge zur Geschichte des Theresianums. In: Jahres-Bericht über das Gymnasium der K.K. Theresianischen Akademie in Wien, für das Schuljahr 1871 – 72. Wien 1872, S. 11 – 70.
6. DEBITSCH, Friedrich: Die staatsbürgerliche Erziehung an den deutschen Ritterakademien. Diss. phil. Halle a.S. 1927.
7. DIEHL, Josef August: 49. Bericht über Rheinische Ritter-Akademie zu Bedburg für das Schuljahr 1891 – 1892. Düsseldorf 1892.
8. DORKA, Oskar: Ein Rückblick auf die Geschichte der Leibesübungen an der Ritterakademie zu Brandenburg (Havel). In: Festschrift zur Feier des 225jährigen Bestehens der Ritterakademie auf dem Dom zu Brandenburg (Havel). 29. Juni 1930, S. 21 – 29.

9. EVERS, Ernst August.: Nachricht von der neuen Einrichtung der Ritteracademie zu Lüneburg. Lüneburg 1821.
10. GRITSCH, Johann Christoph von: Plan der adeligen Ritter-Academie in der Hochfuerstlichen Residenz-Stadt Saarbrücken. Worms 1773.
11. GROSSMANN, Hartmut: Über die Ritterakademie Lüneburg. Hausarbeit f. d. Wiss. Prüfung f. d. Lehramt an Gymnasien. Hamburg 1967, (Stadtarchiv Lüneburg).
12. HASSEL, August Wilhelm: Erneuertes Gedaechtnis der ehemaligen Ritter-Academie zu Wolfenbuettel. Braunschweig 1754.
13. HEHLMANN, Wilhelm: Die Gründung der Ritterakademie Halle im Jahre 1686. In: Ztschr. f. Geschichte d. Erziehung u. d. Unterrichts, 25 (1935), S. 92 - 101.
14. HEINE/ZIEHEN: Artikel „Ritterakademien". In: Rein, W. (Hrsg.): Encyklopädisches Handbuch der Pädagogik. Bd. 7 (2. Aufl. 1908), S. 545 - 560.
15. KAINZ, Stephan: Die Ritterakademie zu Ettal (1711 - 1745). Programm des Königl. Gymnasiums i. Benediktinerkloster Ettal f. d. Schuljahr 1911/12. München 1912.
16. KOLDEWEY, Friedrich: Die Ritterakademie zu Wolfenbüttel. In: ders.: Beiträge zur Kirchen- und Schulgeschichte des Herzogtums Braunschweig. Wolfenbüttel 1888, S. 45 - 83.
17. MÄRZ, Adolf: Die Entwicklung der Adelserziehung vom Rittertum bis zu den Ritterakademien. Diss. phil., Wien 1950.
18. MAHLER, Bruno: Die Leibesübungen in den Ritterakademien. Diss. phil., Erlangen 1921.
19. MARKS, Alfred: Adelige Standeserziehung in Linz 1612 - 1750. In: Jahrbuch der Stadt Linz 1954, S. 337 - 392.
20. MENGIN, Ernst: Die Ritter-Academie zu Christian-Erlangen. Ein Beitrag zur Geschichte der Pädagogik. Diss. phil., Erlangen 1919.
21. MÜLLER, Georg: Ein Versuch zur Gründung einer Ritter-Akademie in Dresden (1674). In: Neues Archiv f. Sächs. Gesch. u. Altertumskunde 10 (1889), S. 43 - 57.
22. PFUDEL, Ernst: Geschichte der Königlichen Ritterakademie zu Liegnitz. In: Mitt. d. Gesch. u. Altertums-Vereins f. d. Stadt u. d. Fürstentum Liegnitz 2, (1906/08), S. 79 - 122.
23. REINHARDSTÖTTNER, Karl von: Pädagogisches aus der Ritterakademie zu Ettal (1711 - 1744). In: ders.: Forschungen z. Kultur- und Literaturgeschichte Bayerns. 4. Buch, Ansbach u. Leipzig 1896, S. 62 - 96.
24. ROSENDAHL, Erich: Herzog Anton Ulrich und die Ritterakademie in Wolfenbüttel. In: Hannoversches Magazin 7 (1931), S. 1 - 13.
25. SCHRÖER, Helmut: Deutsche Ritterakademien. Päd. Hausarbeit 1961. Päd. Seminar d. Universität Marburg 1961.

26. SCHWABE, Ernst: Pläne und Versuche, um in Kursachsen eine Ritterakademie zu errichten. In: Mitt. d. Ges. f. dt. Erziehungs- und Schulgeschichte, Bd. 17 (1907), S. 89 – 112.
27. SCHWARZ, Johann: Geschichte der Savoy'schen Ritter-Akademie in Wien vom Jahre 1746 – 1778. Wien und Leipzig 1897.
28. WENDT, Georg: Geschichte der Königlichen Ritter-Akademie zu Liegnitz. Teil I: 1708 – 1840. Beilage z. Programm d. Königl. Ritter-Akademie zu Liegnitz. Liegnitz 1893.

Die Burg, Wohnsitz und Wehrbau der Ritter. Spartanisch eingerichtet, schlecht heizbar, ungenügend beleuchtet, schwer zugänglich und ständig bedroht, glich sie kaum dem Bild, das uns die »Ritterromantik« überliefert hat.

Ihre wichtigsten Baubestandteile sind: A Palas, B Kemenate, C Bergfried im Schnitt mit Burgverlies, D Kapelle, E Zugbrücke, F Burgmauer mit Zinnen und G Wehrgang, H Pechnase, I Burghof.

Papst Urban II. predigt auf der Synode zu Clermont (1095) den Kampf für die Befreiung des Heiligen Grabes von der Herrschaft der Ungläubigen.

Anhang

(1) Zeittafeln

Geschichte der Kreuzzüge

Wichtige Daten

1081 – 1118	Kaiser Alexios I. von Byzanz
1088 – 1099	Papst Urban II.
1095	Konzil von Clermont: Aufruf zum ersten Kreuzzug
1096 – 1099	**Erster Kreuzzug**
1096	Judenverfolgung in Frankreich und Teilen des römisch-deutschen Reiches
1096	Die Kreuzfahrer Peters des Eremiten bei Nikaia vernichtet
1097	Eroberung von Nikaia durch das Ritterheer des ersten Kreuzzuges
1097	Schlacht von Dorylaion
1098	Begründung der Grafschaft Edessa durch die Kreuzfahrer; Begründung des Fürstentums durch Bohemund von Tarent
1099	Besetzung von Jaffa durch die Kreuzfahrer
1099	Eroberung von Jerusalem und Begründung des Königreiches unter Gottfried von Bouillon
1100	Eroberung von Haifa durch die Kreuzfahrer
1101	Kreuzzug lombardischer, deutscher und französischer Teilnehmer
1101	Besetzung von Arsuf und Caesarea durch die Kreuzfahrer
1101	Schlachten bei Merzifon und Herakleia
1104	Eroberung von Akkon durch Balduin I.
1105 – 1154	König Roger II. von Sizilien
1107	Kreuzzug Bohemunds von Tarent gegen Byzanz

1109	Einnahme von Tripolis und Begründung der Grafschaft unter der Dynastie von Toulouse
1110	Besetzung von Beirut und Sidon durch die Kreuzfahrer
1116	Akaba am Roten Meer durch die Kreuzfahrer erobert
1118	Erster Vorstoß der Kreuzfahrer zum Nil
1118	Anfänge des Templerordens
1118 – 1143	Kaiser Johannes II. von Byzanz
1123	Vertrag des Patriarchen Warmund mit Venedig
1124	Mit der Einnahme von Tyrus Besetzung des syrisch-palästinensischen Königsgebietes durch die Kreuzfahrer beendet
1125	Bauernaufstand um Beirut
1127 – 1146	Atabeg Zengi von Mesopotamien und Nordsyrien
1131 – 1132	Erste Adelsaufstände im Königreich Jerusalem
1137 – 1180	König Ludwig VII. von Frankreich
1138 – 1152	Konrad II., deutscher König
1139	Zengi belagert Damaskus
1143 – 1180	Kaiser Manuel I. von Byzanz
1144	Fall von Edessa
1145 – 1153	Papst Eugen III.
1146 – 1174	Nur-ad-Din Herrscher in Syrien
1146 – 1148	**Zweiter Kreuzzug**
1147	Wendenkreuzzug der sächsischen Feudalherren
1147	Zug Rogers II. von Sizilien gegen Griechenland
1148	Angriff der Kreuzfahrer auf Damaskus
1152 – 1190	Friedrich I. Barbarossa, römisch-deutscher Kaiser
1153	Eroberung von Askalon durch die Kreuzfahrer
1154	Besetzung von Damaskus durch Nur-ad-Din
1158	Syrischer Feldzug Manuels von Byzanz
1163	„Assise sur la Ligece“ im Königreich Jerusalem
1163 – 1168	Angriffe Amalrichs I. von Jerusalem gegen Ägypten

1166 – 1189	König Wilhelm II. von Sizilien
1169	Sturz der Fatimidenherrschaft in Ägypten
1169 – 1250/60	Aijubidenherrschaft in Ägypten und Syrien
1169 – 1193	Sultan Saladin von Ägypten/Syrien
1176	Kaiser Manuel von Byzanz durch die Seldschuken bei Myriokephalon geschlagen
1180 – 1225	König Philipp II. von Frankreich
1182	Kreuzritter unter Reinald von Châtillon bedrohen Mekka
1185 – 1204	Dynastie der Angeloi in Byzanz
1187	Heer der Kreuzfahrerstaaten bei Hattin durch Saladin vernichtet
1188	„Hoftag Jesu Christi" in Mainz
1189 – 1199	König Richard Löwenherz von England
1189 – 1192	**Dritter Kreuzzug**
1190	Barbarossa schlägt die Seldschuken bei Ikonion
1190	Tod Barbarossas im Flusse Saleph
1190 – 1197	Heinrich VI., römisch-deutscher Kaiser
1191	Eroberung von Zypern durch Richard Löwenherz
1191	Rückeroberung von Akkon während des dritten Kreuzzuges
1191 – 1192	Palästinensischer Feldzug Richard Löwenherz
1191	Richard Löwenherz schlägt Saladin bei Arsuf
1197	Kreuzzug Heinrichs VI.
1197	Errichtung der kaiserlichen Lehensoberhoheit über Zypern
1198 – 1216	Papst Innozenz III.
1199	Bestätigung des Deutschen Ordens durch den Papst
13 Jh.	„Assisen von Jerusalem"
1202 – 1204	**Vierter Kreuzzug**
1202	Eroberung von Zara durch die Kreuzfahrer
1203	Konstantinopel kapituliert vor den Kreuzfahrern

1204	Eroberung und Plünderung von Konstantinopel durch den vierten Kreuzzug
1204	Begründung des Lateinischen Kaiserreiches
1209 – 1229	Albigenserkreuzzüge in Südfrankreich
1212	Kinderkreuzzug
1212	Almohaden bei Las Navas de Tolosa durch die Reconquista geschlagen
1212 – 1250	Friedrich II., römisch-deutscher Kaiser und König von Sizilien
1215	Viertes Laterankonzil: Billigung der päpstlichen Kreuzzugsdoktrin
1219	Eroberung von Damiette durch die Kreuzfahrer
1216 – 1227	Papst Honorius III.
1217 – 1221	**Fünfter Kreuzzug**
1226 – 1270	König Ludwig IX. von Frankreich
1227 – 1241	Papst Gregor IX.
1227 – 1229	Kreuzzug Kaiser Friedrichs II.
1229	Vertrag von Jaffa zwischen Friedrich II. und Sultan al-Kamil
1229	Friedrich II. in Jerusalem
1233 – 1234	Kreuzzug gegen die Stedinger
1239	Kreuzzug Theobalds von Navarra
1240 – 1241	Kreuzzug Richards von Cornwall
1243 – 1254	Papst Innozenz IV.
1244	Schlacht bei Gaza
1244	Jerusalem den Kreuzfahrern endgültig verloren
1248 – 1254	Erster Kreuzzug Ludwigs IV. von Frankreich gegen Ägypten
1250 – 1517	Mamelukenherrschaft in Ägypten und Syrien
1251	Pastorellen-Bewegung in Frankreich
1255 – 1353	Herrschaft der mongolischen Il-Khane im Irak/Iran
1256	Krieg von St. Sabas begonnen
1258	Sturz des Abbasidenkalifats von Bagdad durch die Mongolen

1260	Schlacht bei Ain Dschalut: Mongolen durch die Mameluken zurückgeschlagen
1260 – 1277	Mamelukensultan Baibars
1261	Sturz des Lateinischen Kaiserreiches
1265 – 1291	Besetzung der fränkischen Staaten durch die Mameluken
1269	Kreuzzug Jakobs I. von Aragón
1270	Zweiter Kreuzzug Ludwigs IX. nach Tunis
1271 – 1272	Kreuzzug des englischen Prinzen Eduard
1274	Konzil von Lyon: abschließende Ordnung der Kreuzzugsexpansion
1291	Eroberung von Akkon durch Mamelukensultan al-Aschraf
1303	Letzter Stützpunkt der Kreuzfahrer im Orient aufgegeben

Regierungszeiten der Könige von Jerusalem

1099 – 1100	Gottfried (von Bouillon) (Vogt des heiligen Grabes)
1100 – 1118	Balduin I. (von Boulogne) (König)
1118 – 1131	Balduin II. (von Le Bourg)
1131 – 1143	Fulko (von Anjou)
1143 – 1163	Balduin III.
1163 – 1174	Amalrich I.
1174 – 1185	Balduin IV.
1183 – 1186	Balduin V.
1186 – 1190	Guido (von Lusignan)
1190 – 1192	Konrad I. (von Montferrat)
1192 – 1197	Heinrich I. (von der Champagne)
1197 – 1205	Amalrich II. (von Lusignan)
1205	Isabella I.
1205 – 1210	Maria la Marquise
1210 – 1212	Johann I. (von Brienne)
1212 – 1225	Isabella II.

1225 – 1228	Friedrich (von Hohenstaufen)
1228 – 1254	Konrad II. (von Hohenstaufen)
1254 – 1268	Konrad III. (von Hohenstaufen) (Konradin)
1268 – 1284	Hugo I. (von Antiochia-Lusignan)
1277 – 1285	Karl I. (von Anjou) (Gegenkönig)
1284 – 1285	Johann II. (von Antiochia-Lusignan)
1285 – 1286	Karl II. (von Anjou) (Gegenkönig)
1285 – 1291	Heinrich II. (von Antiochia-Lusignan)

Regierungszeiten der Fürsten von Antiochia

1098 – 1111	Bohemund I. (von Tarent)
1111 – 1130	Bohemund II.
1130 – 1136	Konstanze
1136 – 1149	Raimund I. (von Poitiers)
1149 – 1153	Konstanze (2. Regierung)
1153 – 1163	Rainald (von Chátillon)
1163 – 1201	Bohemund III.
1201 – 1233	Bohemund IV.
1201 – 1219	Raimund II. (Roupen) (Gegenfürst)
1233 – 1252	Bohemund V.
1252 – 1275	Bohemund VI.
1275 – 1287	Bohemund VII.

Zum Deutschen Orden

326 ff	Errichtung der Grabkirche in Jerusalem
638	Araber besetzen Jerusalem
864	Entsendung der Mönche Kyrill und Methodius von Byzanz aus nach Mähren
960	Dago (Mieszko) gründet einen Staat östlich der Oder
963	Dago erkennt die Oberhoheit des Deutschen Reiches an
968	Gründung des Erzbistums Magdeburg durch Otto den Großen
997	Adalbert von Prag von den Pruzzen erschlagen

1000	Gründung des selbständigen Erzbistums Gnesen durch Otto III., Boleslaw I. unabhängiger Herzog
1003 – 1018	Kämpfe Kaiser Heinrichs II. mit Boleslaw I.
1009	Zerstörung der Grabeskirche durch Kalif Al Hakim
1024	Boleslaw I. läßt sich zum König krönen
ab 1025	Zerfall des Staates Boleslasws I. in mehrere Teilfürstentümer
1071	Seldschuken erobern große Teile des byzantinischen Reiches in Kleinasien
1073 – 1085	Pontifikat Gregors VII.
1095	Konzil von Clermont
1096 – 1099	Erster Kreuzzug
1099	(15.7.) Eroberung von Jerusalem durch die Kreuzfahrer
1099 – 1187	Königreich Jerusalem
1113	Gründung der „Bruderschaft zur Krankenpflege" (Johanniter)
1118	Errichtung eines kleinen Hospitals für Deutsche in Jerusalem
1130	Gründung der Templer als militärischer Ritterorden
1147 – 1149	Zweiter Kreuzzug
1163	Schlesien unter deutscher Lehenshoheit
1178	Gründung des Zisterzienser-Klosters Oliva
1187	Schlacht von Hittin, Jerusalem geht verloren
1190 – 1191	Dritter Kreuzzug (Barbarossa)
1191	(6.2.) Päpstliche Bestätigung des deutschen „Ordens von St. Marien"
1198	(5.3.) Umwandlung durch den Papst in einen deutschen Ritterorden
1202	Gründung des Schwertbrüderordens in Riga
1209	Hermann von Salza zum Hochmeister gewählt
1211 – 1225	Tätigkeit des Ordens in Siebenbürgen
1219	Gründung von Reval durch Dänemark

1226	„Goldene Bulle“ von Rimini durch Kaiser Friedrich II.
1226	Hermann von Salza und alle folgenden Hochmeister werden Reichsfürsten
1226	Konrad von Masowien bittet den Orden um Hilfe gegen die Pruzzen
1226	Gründung der Burg Vogelsang
1230	Vertrag von Creusnitz
1231	Landmeister Hermann Balk überschreitet die Weichsel und gründet Burg und Stadt Thorn
1232	Gründung der Burg Kulm
1233	„Kulmer Handveste“
1233	Gründung der Burg Marienwerder
1234	Das Ordensland wird zum Eigentum der Kurie erklärt
1234	Sieg des Ordens an der Sirguna
1234	Gründung der Burgen Rheden und Christburg
1237	Gründung von Elbing
1239	Gründung von Balga an der Samlandküste
1239	(20.3.) Hermann von Salza stirbt
1240	Erster Aufstand der Pruzzen an der Samlandküste
1241	Gründung der Burgen Bartenstein, Rössel und Heilsberg
1255	Gründung von Königsberg
1260	Einführung des Bernsteinmonopols
1260 – 1283	Allgemeiner großer Pruzzenaufstand unter Herkus Monte
1270	Gründung der Burg Lochstädt
1276	Gründung der Marienburg
1291	Akkon in Palästina fällt als letzter christlicher Stützpunkt in die Hand der Mameluken
1297	Gründung von Preußisch-Holland
1309	Umsiedlung des Hochmeisters von Venedig in die Marienburg

1309 Danzig wird Ordensbesitz
1311 Erwerbung von Pommerellen
1314 Auflösung des Templerordens durch den Papst und den König von Frankreich
1325 Gründung von Gerdauen
1326 „Chronicon terrae Prussiae“ von Peter von Duisburg
1337 Gründung von Insterburg
1343 Frieden von Kalisch
1346 Erwerbung Estlands von Dänemark
1370 Sieg des Ordens in der Rudau-Schlacht über die Litauer
1377 Gründung von Lötzen
1386 Großfürst Jagiello von Litauen tritt zum Christentum über
1386 Jagiello heiratet Hedwig von Polen und wird als Wladislaw II. polnischer König
1392 Witold wird Großfürst von Litauen unter polnischer Führung
1397 Gründung des „Eidechsenbundes“ preußischer Adeliger
1398 Besetzung von Samaiten (Litauen) durch den Orden
1398 Besetzung von Visby auf Gotland durch den Orden
1402 Kauf der Neumark durch den Orden
1410 (15.7.) Schlacht bei Tannenberg
1410 (9.11.) Wahl Heinrichs von Plauen zum Hochmeister
1411 (1.2.) Erster Thorner Frieden
1413 (14.10.) Absetzung Heinrichs von Plauen als Hochmeister
1440 Gründung des „Preußischen Bundes“ durch Hans von Baisen
1454 Der „Preußische Bund“ unterstellt sich dem König von Polen

1454 – 1466	Dreizehnjähriger Krieg gegen Polen
1457	Böhmische Söldner verkaufen die Marienburg an den polnischen König
1457 – 1460	Belagerung der Stadt Marienburg durch die Polen
1466	(19.10.) Zweiter Thorner Frieden
1519	Letzter Kampf des Ordens gegen Polen
1525	(10.4.) Ordensstaat wird als weltliches Herzogtum polnisches Lehen
1526	Mergentheim wird Sitz des Hochmeisters des restlichen Ordens
1561	Der livländische Zweig des Ordens wird weltliches Herzogtum (Kurland und Semgallen) unter polnischer Oberhoheit
1569	(18.6.) Reichstag von Lublin; widerrechtliche Einverleibung Westpreußens in das polnische Königreich
1618	Herzogtum Preußen fällt an Brandenburg (weiter polnisches Lehen)
1652	Einführung des „Veto-Rechtes" im polnischen Reichstag
1660	Friede von Oliva; Ende der polnischen Lehenshoheit in Ostpreußen
1696	Errichtung des Regimentes „Hoch- und Deutschmeister"
1701	(18.1.) Brandenburg-Preußen wird Königreich
1724	Erstes „Thorner Blutgericht"
1764	Stanislaus Poniatowsky wird polnischer König von Rußlands Gnaden
1768	Konvention von Bar zur Wahrung der polnischen Rechte gegen Rußland
1768	Konvention von Radom zugunsten Rußlands
1772	(5.8.) Petersburger Verträge; erste Teilung Polens; Huldigung der westpreußischen Stände auf der Marienburg und Besetzung der Burg durch preußische Truppen

1791	Neue polnische Verfassung unter Einfluß der französischen Revolution
1793	Zweite Teilung Polens
1795	Dritte und vollständige Teilung Polens
1803 – 1809	Der Orden verliert den größten Teil seiner Besitzungen; der Hochmeister muß von Mergentheim nach Wien übersiedeln
1815	Schaffung des mit Rußland in Personalunion verbundenen Königreichs Polen (Kongreßpolen)
1817 – 1831	Grundlegende Renovierung der Marienburg
1831	Erster Polenaufstand
1834	Umwandlung des Ordens in ein „Selbständiges, geistlich-moralisches Institut"
1863	Zweiter Polenaufstand
1916	(5.11.) Gründung des Königreiches Polen durch die Mittelmächte
1918	Gründung der Republik Polen unter Pilsudski
1923	Auflösung des Ritterordens durch Papst Pius XI.
1929	Der Orden wird zum reinen Priesterorden „Brüder des deutschen Ordens St. Marien zu Jerusalem"
1959	Großbrand in der Marienburg

Die Hochmeister des Deutschen Ordens

1190 – 1230	**Sitz in Akkon** (Palästina), Hospitalbruderschaft
1190	Sibrard
1192	Gerard
1193 -1194	Heinrich, Prior
1195	Ulrich
1196	Heinrich, praeceptor (identisch mit Heinrich Walpert?)
1198 – 1200	Hermann Walpoto, ab jetzt Ritterorden
1200 – 1208	Otto von Kerpen
1208 – 1209	Heinrich von Tuna, gen. Bart

1230 – 1271	**Sitz in Montfort** (nach Fertigstellung des Burgbaues)
1209 – 1239	Hermann von Salza
1239 – 1240	Konrad von Thüringen
1241 – 1244	Gerhard von Malberg
1244 – 1249	Heinrich von Hohenlohe
1249 – 1252	Günther von Schwarzburg
1252 – 1256	Poppo von Osterna
1256 – 1273	Anno von Sangerhausen
1271 – 1291	**Sitz in Akkon** (nach Eroberung von Montfort)
1273 – 1282	Hartmann von Heldrungen
1282 – 1290	Burkhard von Schwanden
1291 – 1309	**Sitz in Venedig**
1290 – 1296	Konrad von Feuchtwangen
1297 – 1303	Gottfried von Hohenlohe
1303 – 1311	Siegfried von Feuchtwangen
1309 – 1457	**Sitz auf der Marienburg**
1311 – 1324	Karl von Trier
1324 – 1330	Werner von Orseln
1331 – 1335	Luther von Braunschweig
1335 – 1341	Dietrich von Altenburg
1342 – 1345	Ludolf König
1345 – 1351	Heinrich Dusemer von Arfberg
1351 – 1382	Winrich von Kniprode
1382 – 1390	Konrad Zöllner von Rothenstein
1391 – 1393	Konrad von Wallenrod
1393 – 1407	Konrad von Jungingen
1407 – 1410	Ulrich von Jungingen
1410 – 1413	Heinrich von Plauen
1414 – 1422	Michael Küchmeister von Sternberg
1422 – 1441	Paul von Rußdorf
1441 – 1449	Konrad von Erlichshausen
1450 – 1467	Ludwig von Erlichshausen
1457 – 1525	**Sitz in Königsberg**
1469 – 1470	Heinrich Reuß von Plauen

1470 – 1477	Heinrich von Richtenberg
1477 – 1489	Martin Truchseß von Wetzhausen
1489 – 1497	Hans von Tiefen
1498 – 1510	Herzog Friedrich von Sachsen
1511 – 1525	Markgraf Albrecht von Brandenburg-Ansbach
1525 – 1809	**Sitz in Mergentheim**
1526 (1530)–1543	Walter von Cronberg
1543 – 1566	Wolfgang Schutzbar gen. Milchling
1566 – 1572	Georg Hund von Wenckheim
1572 – 1590	Heinrich von Bobenhausen
1590 – 1618	Maximilian von Österreich
1619 – 1625	Karl von Österreich
1625 – 1627	Johann Eustach von Westernach
1627 – 1641	Johann Kaspar von Stadion
1641 – 1662	Leopold Wilhelm von Österreich
1662 – 1664	Karl Joseph von Österreich
1664 – 1684	Johann Kaspar von Amerongen
1684 – 1694	Ludwig Anton von Pfalz-Neuburg
1694 – 1732	Franz Ludwig von Pfalz-Neuburg
1732 – 1761	Clemens August von Bayern
1761 – 1780	Karl Alexander von Lothringen
1780 – 1801	Max Franz von Österreich
1801 – 1804	Karl Ludwig von Österreich
Seit 1809	**Sitz in Wien**
1804 – 1835	Anton Viktor von Österreich
1835 – 1863	Maximilian Joseph von Österreich
1863 – 1894	Wilhelm von Österreich
1894 – 1923	Eugen von Österreich
1923 – 1933	Dr. Norbert J. Klein (nun klerikaler Orden)
1933 – 1936	Paul Heider
1936 – 1948	Robert Schälzky
1948 – 1970	Dr. Marianus Tumler
1970 – 1988	Ildefons Pauler
1988 – 2000	Dr. Arnold Wieland
2000	Dr. Bruno Platter

Die Großmeister vom Johanniter/Malteser-Ritterorden

gest. 3.9.1120	Sel. Gerhard
1120 – 1158/60	Frà Fraimond du Puy
1158/60 – 1162/63	Frà Auger de Balben
1162/63	Frà Arnaud de Comps
1163 – 1169/70	Frà Gilbert d'Assailly
ca. 1170 – ca. 1172	Frà Gaston de Murols
ca. 1172 – 1177	Frà Gérard Joubert
1177 – 1187	Frà Roger des Moulins
1188 – ca. 1190	Frà Ermengard d'Asp
1189/90 – 1191	Frà Garnier de Napulse
1193 – 1203	Frà Geoffroy de Donjon
1202 – 1206	Frà Alphonse de Portugal
1206 – 1207	Frà Geoffroy Le Rat
1207 – 1227/28	Fraccà Garin de Montaigu
1228 – ca. 1231	Frà Bertrand de Thessy
ca. 1231 – 1236	Frà Guérin (Girinus)
1236 – 1239/40	Frà Bertrand de Comps
1239/40 – 1242	Frà Pierre de Vieille-Bride
1242 – 1258	Frà Guillaume de Châtauneuf
1258 – 1277	Frà Hugues de Revel
1277/78 – 1284	Frà Nicolas de Lorgue
1284/85 – 1293/94	Frà Jan de Villiers
1294 – 1296	Frà Odon de Pins
1296 – 1305	Frà Guillaume de Villaret
1305 – 1319	Frà Foulques de Villaret
1319 – 1346	Frà Hélion de Villeneuve
1346 – 1353	Frà Dieudonné de Gozon
1353 – 1355	Frà Pierre de Corneillan
1355 – 1365	Frà Roger de Pins
1365 – 1374	Frà Raymond Bérenger
1372 – 1376	Fré Robert de Juilliac
1376 – 1396	Frà Fernandez de Heredia
1383 – 1395	Frà Richard Caracciolo*

1396 – 1421	Frà Philibert de Naillac
1421 – 1437	Frà Antoine Fluvian de la Rivière
1437 – 1454	Frà Jean de Lastic
1454 – 1461	Frà Jacques de Milly
1461 – 1467	Frà Pierre Raymond Zacosta
1467 – 1476	Frà Giovanni Battista Orsini
1476 – 1503	Frà Pierre d'Aubusson, Kardinal
1503 – 1512	Frà Emery D'Amboise
1512 – 1513	Frà Guy de Blanchefort
1513 – 1521	Frà Fabrizio del Carretto
1521 – 1534	Frà Philippe Villiers de L'Isle Adam
1534 – 1535	Frà Pierino del Ponte
1535 – 1536	Frà Didier de Saint-Jaille
1536 – 1553	Frà Juan de Homedes
1553 – 1557	Frà Claude de la Sengle
1557 – 1568	Frà Jean de la Valette-Parisot
1568 – 1572	Frà Pierre del Monte
1572 – 1581	Frà Jean L'Evêque de la Cassière
1581 – 1595	Frà Hugues Loubenx de Verdala, Kardinal
1595 – 1601	Frà Martin Garzez
1601 – 1622	Frà Alof de Wignacourt
1622 – 1623	Frà Louis Mendez de Vasconcellos
1623 – 1636	Fraccà Antoine de Paule
1636 – 1657	Frà Jean de Lascaris-Castellar
1657 – 1660	Frà Martin de Redin
1660	Frà Annet de Clermont-Gessant
1660 – 1663	Frà Raffael Cotoner
1663 – 1680	Frà Nicola Cotoner
1680 – 1690	Frà Gregor Caraffa
1690 – 1697	Frà Adrien de Wignacourt
1697 – 1720	Frà Raymond Perellos y Roccaful
1720 – 1722	Frà Marc'Antonio Zondadari
1722 – 1736	Frà Antonio Manuel de Vilhena
1736 – 1741	Frà Rymond Despuig
1741 – 1773	Frà Manuel Pinto de Fonseca

1773 – 1775	Frà Françesco Yimenes de Texada
1775 – 1797	Frà Emmanuel de Rohan-Polduc
1797 – 1799	Frà Ferdinand von Hompesch
1798 – 1801	(de facto) Paul I., Zar von Rußland (vom Papst nicht anerkannt)
1803 – 1805	Frà Giovanni Battista Tommasi
1879 – 1905	Frà Giovanni Battista Ceschi a Santa Croce
1905 – 1931	Frà Galeazzo von Thun und Hohenstein
1931 – 1951	Frà Ludovico Chigi della Rovere Albani
1962 – 1988	Frà Angelo de Mojana di Cologna
1988 – 2008	Frà Andrew Bertie
2008	Frà Matthew Festing

Statthalter

1805 – 1841	Frà Innico-Maria Guevara-Suardo
1814 – 1821	Frà André di Giovanni
1821 – 1834	Frà Antoine Busca
1834 – 1845	Frà Carlo Candida
1845 – 1864	Frà Philippe di Colloredo-Mels
1865 – 1871	Frà Alexandre Borgia
1871 – 1879	Frà Giovanni Battista Ceschi a Santa Croce
1951 – 1955	Frà Antoni Hercolani Fava Simonetti (ad interim)
1929 – 1931	Frà Oius Franchi de'Cavaliere (während der Krankheit des 75. Großmeisters)
1955 – 1962	Frà Ernesto Paternó Castello di Carcaci

Tempelherren-Orden

Der Ordensgründer und seine Nachfolger als Großmeister

1118/19 – 1136/37	Hugo von Payns
1137 – 1148	Robert de Craon
1149 – 1152	Eberhard de Barres
1152 – 1153	Bernard de Tremelay

1169 – 1170	Philipp von Naplous
1170 – 1179	Odo von St. Amand
1180 – 1184	Arnold von Toroge
1185 – 1189	Gerard von Ridfort
1191 – 1193	Robert de Sabloil
1193 – 1200	Gilbert Horal
1201 – 1209	Philipp de Plessis
1210 – 1219	Wilhelm von Chartres
1219 – 1232	Peter de Montaigu
1232 – 1244	Hermann de Perigord
1245 – 1250	Wilhelm de Sonnac
1250 – 1256	Raynald von Vichier
1256 – 1273	Thomas Berard
1273 – 1291	Wilhelm de Beaujeu
1291 – 1293	Thibaud Gaudin
1293 – 1314	Jacques de Molay

(2) Militärische Fachbegriffe in damaliger Zeit kurz erläutert

Ausfallpforte: Kleiner Ausgang in einem Festungswerk, im allgemeinen getarnt, für Überraschungsangriffe auf den Feind gedacht.

Außenwerk: Verteidigungsanlage außerhalb der Enceinte, im Graben oder jenseits des Grabens einer Festung gelegen.

Basilisk: Großes Geschütz, das Kanonenkugeln aus Eisen, Stein oder Marmor abfeuerte, die 50 bis 220 Pfund wogen (nach dem legendären Ungeheuer, dessen Blick und Atem tödlich waren).

Bastion: Festungswerk, aus zwei Front- und zwei Flankenseiten bestehend, mit vorspringenden Ecken.

Brustwehr: Um 1 Meter hohe Mauer zum Schutz von Arkebusieren.

Cavalier: Verteidigungswerk innerhalb der Kernumwallung, höher als diese, manchmal V-förmig.

Enceinte: Kernumwallung einer Festung.

Fallgatter: Gatter aus Eisen- oder Holzstangen, die an den Enden zugespitzt waren; zur Absperrung wichtiger Zugänge.

Faschinen: Bündel aus Reisig oder Astwerk, die beim Bau von Feldschanzen Verwendung fanden.

Feldschlange: Langrohrgeschütz, das relativ kleine Kugeln abfeuerte, aber eine relativ große Reichweite besaß. Militärhistorisch allgemein für große Geschütze gebraucht.

Galeasse: Große Galeere mit 3 Masten und 15 oder mehr Rudern an jeder Seite.

Galeere: In der Hauptsache durch Ruder angetriebenes Schiff. Fast immer als Kriegsschiff gebraucht.

Galiote: Durch Ruder und Segel angetriebene Galeere, kleiner als die Galeasse.

Halbbastion: Aus einer Front- und einer Flankenseite bestehend, entspricht ansonsten der Bastion.

Karawane: Beim Johanniterorden gebräuchlicher Terminus zur Bezeichnung des einjährigen aktiven Diensts auf einer Galeere.

Kettenschuß: Zwei ganze oder halbe Kanonenkugeln, durch eine Kette verbunden. Wirbelte nach dem Abschuß herum, dabei Parabeln beschreibend. Fand gegen massierte Truppenverbände Verwendung, bei Seegefechten zur Zerstörung von Masten und Takelage gebraucht.

Kontereskarpe: Dem Angreifer zunächst liegende Böschung eines Hindernisgrabens.

Kurtine: Verbindungsmauer zwischen zwei Bastionen oder flankierenden Türmen.

Pascha: Osmanischer Titel eins Generals, Admirals oder Statthalters. Umfaßte drei Stufen, bezeichnet durch einen, zwei oder drei Roßschweife, wobei der letzte den höchsten Rang anzeigte.

Rampe: Auffahrt auf einen Wall.

Ravelin: Festungswerk außerhalb der Kernumwallung, bestehend aus zwei Frontseiten, die vorne in einem Winkel zusammenlaufen, hinten offen. Gewöhnlich vor einer Kurtine gelegen, um diese und die angrenzenden Bastionen zu decken.

Schanzkorb: Zylinderförmiger Korb oder Faß, mit Erde gefüllt, zum Bau von Feldschanzen verwandt.

Schießscharte: Maueröffnung, von innen her weiter werdend. Für Handfeuerwaffen und Geschütze gedacht.

Travers: Mauer zum Schutz eines Wehrgangs, quer verlaufend; Hindernis, aus zwei rechten Winkeln bestehend, das in einem Laufgraben angebracht wurde, um ein Vordringen des Feindes zu verhindern; Schießscharte, die so konstruiert wurde, daß sie in Verbund mit einer anderen für Kreuzfeuer geeignet war.

Trompete: Eine Art Flammenwerfer, der von einem Mann bedient wurde und flüssiges Feuer ausstieß. Manchmal mit einer Muskete kombiniert.

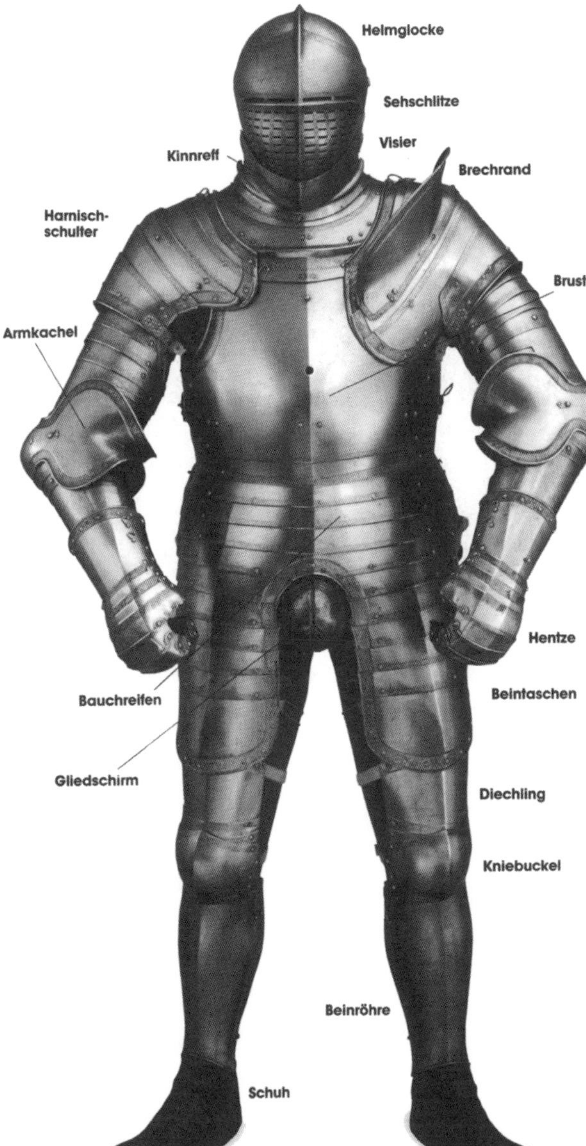
Helmglocke
Sehschlitze
Visier
Kinnreff
Brechrand
Harnisch-
schulter
Brust
Armkachel
Hentze
Bauchreifen
Beintaschen
Gliedschirm
Diechling
Kniebuckel
Beinröhre
Schuh

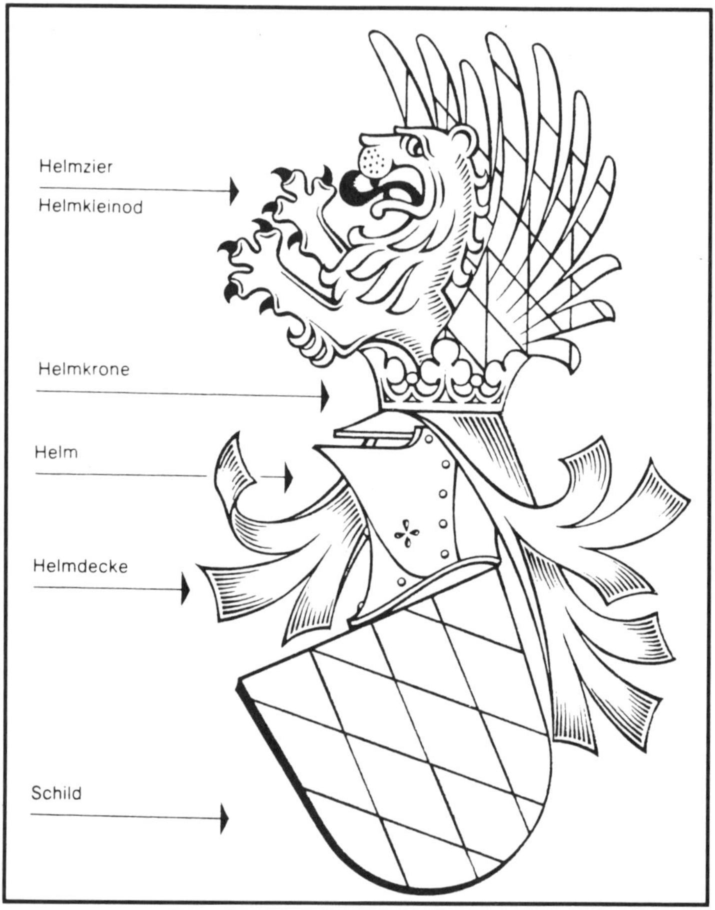
Helmzier
Helmkleinod
Helmkrone
Helm
Helmdecke
Schild

Die Deutschen im Mittelalter: Nur jeder 50. ist Ritter

Im Jahr 1250 ist Deutschland nur dünn besiedelt: Maximal zwölf Millionen Menschen leben innerhalb der heutigen Grenzen. Überwältigende Mehrheit: die Bauern.

Kaiser und König

Der Kaiser ist das Oberhaupt des Römisch-Deutschen Reiches und gilt zugleich als Schirmherr der Christenheit. Das Recht, Kaiser zu werden, hat allein der König – er empfängt die Kaiserwürde mit der Salbung und der Krönung durch den Papst. Ist ein deutscher König zum Kaiser gekrönt, macht er noch zu seinen Lebzeiten den Weg frei für einen neuen deutschen König.

Dieses Amt ist nicht erblich: Der König wird von den deutschen Fürsten (seit dem Ende des 13. Jahrhunderts von den sieben Kurfürsten) gewählt. In der Regel versuchen die Kaiser, einen ihrer Söhne zum König wählen zu lassen.

Die Fürsten

Es gibt weltliche und geistliche Fürsten. Ihre Zahl um 1250 läßt sich nicht genau abgrenzen. Zu den weltlichen gehören etwa 20 Herzöge und Grafen, zu den geistlichen etwa 50 Erzbischöfe, Bischöfe und Äbte.

Ihre Zahl wächst bis zum 16. Jahrhundert: Sieben Kurfürsten, 28 weltliche Fürsten, 30 Erzbischöfe und Bischöfe sowie 64 Äbte werden im Jahr 1521 aufgezählt. Die Fürsten erhalten ihr Land offiziell vom König als Lehen, sie gelten damit als Kronvasallen und sind dem König zu Treue und Gefolgschaft verpflichtet. Sie können einen Teil ihres Lehens an Untervasallen weiterverleihen, die ihnen dann »lehenspflichtig« sind.

Die Geistlichen

Man unterscheidet zwischen Welt- und Ordensgeistlichen. Zu den Weltgeistlichen zählen die geistlichen Fürsten ebenso wie die Pfarrer an den Kirchen der Städte und Dörfer. Die Pfarrer stehen auf einer tieferen sozialen Stufe, haben meist nur eine schlechte Ausbildung und sind abhängig von der Mildtätigkeit des Dorfherren und Kirchenpatrons oder der bessergestellten Bauern ihrer Gemeinde.

Zu den Ordensgeistlichen gehören die Mönche und Laienbrüder (Konversen), die in den vielen Klöstern leben.

Zahlen lassen sich hier nur annähernd schätzen, doch dürften es kaum mehr als 20 000 Geistliche sein.

Die Ritter

Seit dem 10. Jahrhundert hat sich allmählich der Stand der Ritter herausgebildet, dessen Angehörige in erster Linie Kriegsdienste leisten. Diese Ritter konnten Adlige sein oder »Ministeriale«, die als unfreie Dienstleute einem Fürsten dienen.

Wenn es zutrifft, daß es im Hochmittelalter in Deutschland etwa 10 000 Burgen gibt, und wir für eine dort lebende Familiengemeinschaft durchschnittlich 15 Personen ansetzen, gehören dem Ritterstand nur etwa ein bis zwei Prozent der Gesamtbevölkerung an.

Auch unter den Rittern gibt es starke soziale Unterschiede, wie schon der mittelalterliche Ausdruck »arme riter« beweist.

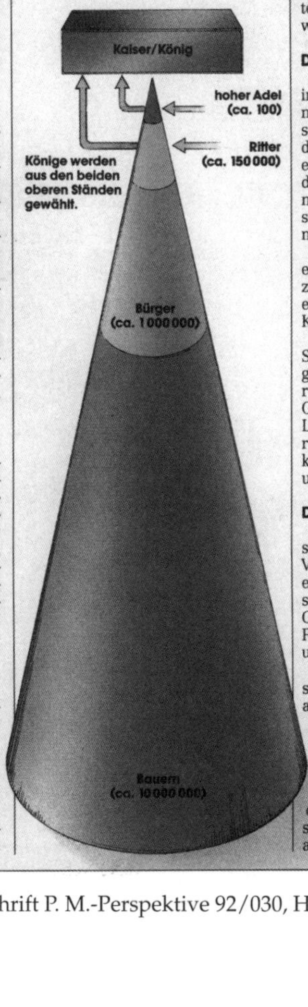

Die Bürger

Sie leben in den Städten. Während es im 12. Jahrhundert in ganz Deutschland nur etwa 250 Städte gab, sind es nun schon an die tausend. Die meisten würden allerdings nach heutigen Begriffen eher als kleinere Dörfer gelten, haben doch mehr als 80 Prozent von ihnen nicht einmal 500 Einwohner. »Großstädte« mit mehr als 10 000 Einwohnern gibt es höchstens ein Dutzend.

Damit liegt die Zahl der Bürger unter einer Million, was höchstens acht bis zehn Prozent der Gesamtbevölkerung entspricht. Die meisten sind Kaufleute, Kleinkrämer und Handwerker.

Eine Sonderstellung nehmen in der Stadt die sozialen, ethnischen und religiösen Randgruppen ein. Zu ihnen gehören die Juden in ihren abgesonderten Gemeinden, aber auch die »unehrlichen Leute«, also Angehörige verachteter Berufe (zum Beispiel Henker und Abdekker, aber seltsamerweise auch Müller und Schornsteinfeger).

Die Bauern

Zwischen 80 und 90 Prozent der deutschen Bevölkerung leben in bäuerlichen Verhältnissen. Der größte Teil der Bauern sind Leibeigene oder Hörige, die sich unter den Schutz eines adligen Grundherrn begeben haben und dafür Frondienste (Arbeit auf Hof und Feld) und Naturalabgaben leisten müssen.

Ein Ausscheiden aus der Leibeigenschaft ist nicht möglich. Daneben gibt es aber auch noch »Halbfreie«, die trotz der wirtschaftlichen und rechtlichen Abhängigkeit doch eine gewisse Freiheit genießen, und schließlich auch freie Bauern. Leibeigene und Halbfreie können es durchaus zu beachtlichem Wohlstand bringen; bescheidene soziale Verhältnisse der Bauern sind aber eher die Regel. **Heinrich Pleticha**

In: „Die Welt der Ritter", Zeitschrift P. M.-Perspektive 92/030, Hamburg 1992

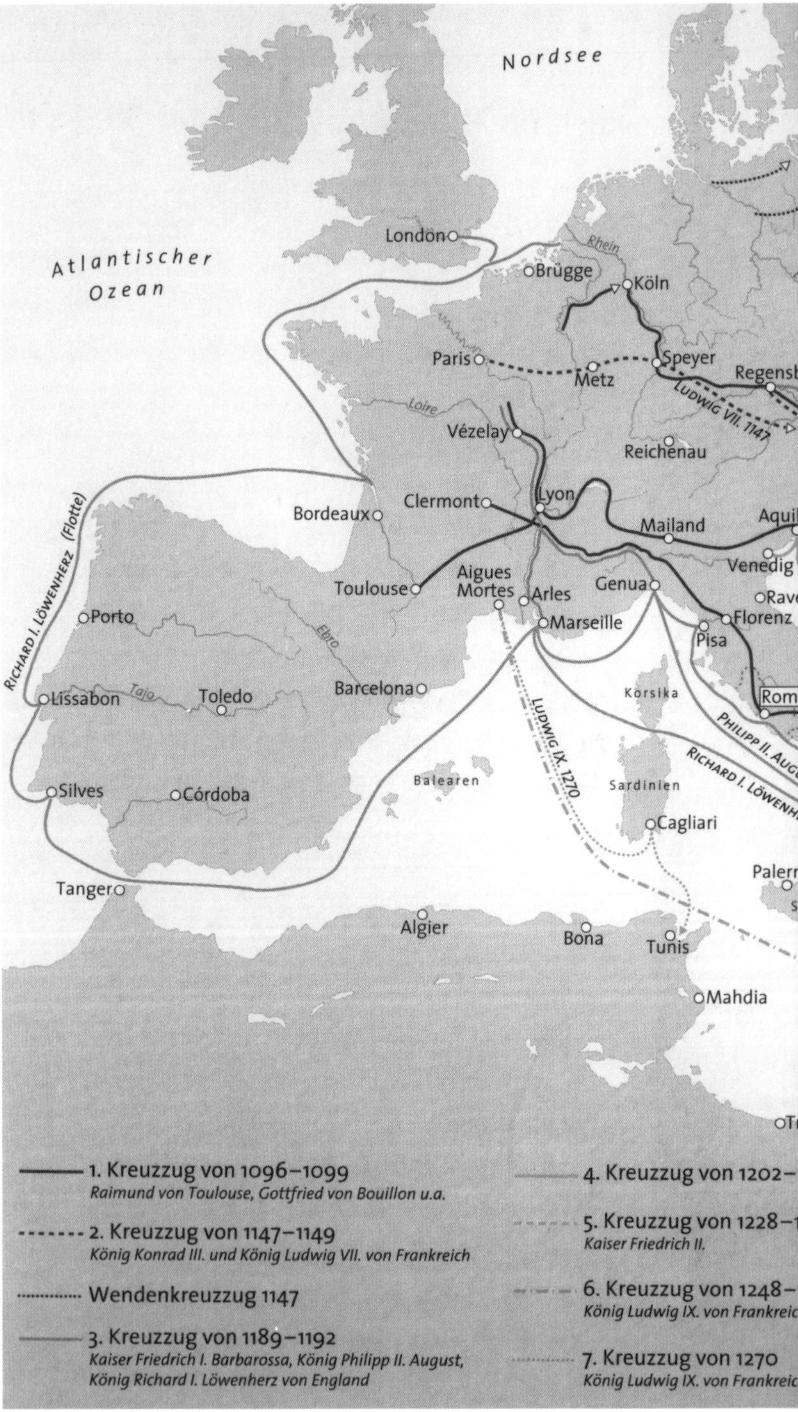

Nordsee
Atlantischer Ozean
London
Brügge
Rhein
Köln
Paris
Metz
Speyer
Regensb
Ludwig VII. 1147
Loire
Vézelay
Reichenau
Richard I. Löwenherz (Flotte)
Bordeaux
Clermont
Lyon
Mailand
Aqui
Venedig
Toulouse
Aigues Mortes
Arles
Genua
Rav
Porto
Marseille
Pisa
Florenz
Ebro
Barcelona
Korsika
Rom
Lissabon
Tajo
Toledo
Ludwig IX. 1270
Philipp II. Aug
Richard I. Löwenh
Balearen
Sardinien
Silves
Córdoba
Cagliari
Palerr
Tangero
Algier
Bona
Tunis
Mahdia
1. Kreuzzug von 1096–1099
Raimund von Toulouse, Gottfried von Bouillon u.a.
2. Kreuzzug von 1147–1149
König Konrad III. und König Ludwig VII. von Frankreich
Wendenkreuzzug 1147
3. Kreuzzug von 1189–1192
Kaiser Friedrich I. Barbarossa, König Philipp II. August, König Richard I. Löwenherz von England
4. Kreuzzug von 1202–
5. Kreuzzug von 1228–
Kaiser Friedrich II.
6. Kreuzzug von 1248–
König Ludwig IX. von Frankreic
7. Kreuzzug von 1270
König Ludwig IX. von Frankreic

Die Kreuzzüge von 1096 bis 1270

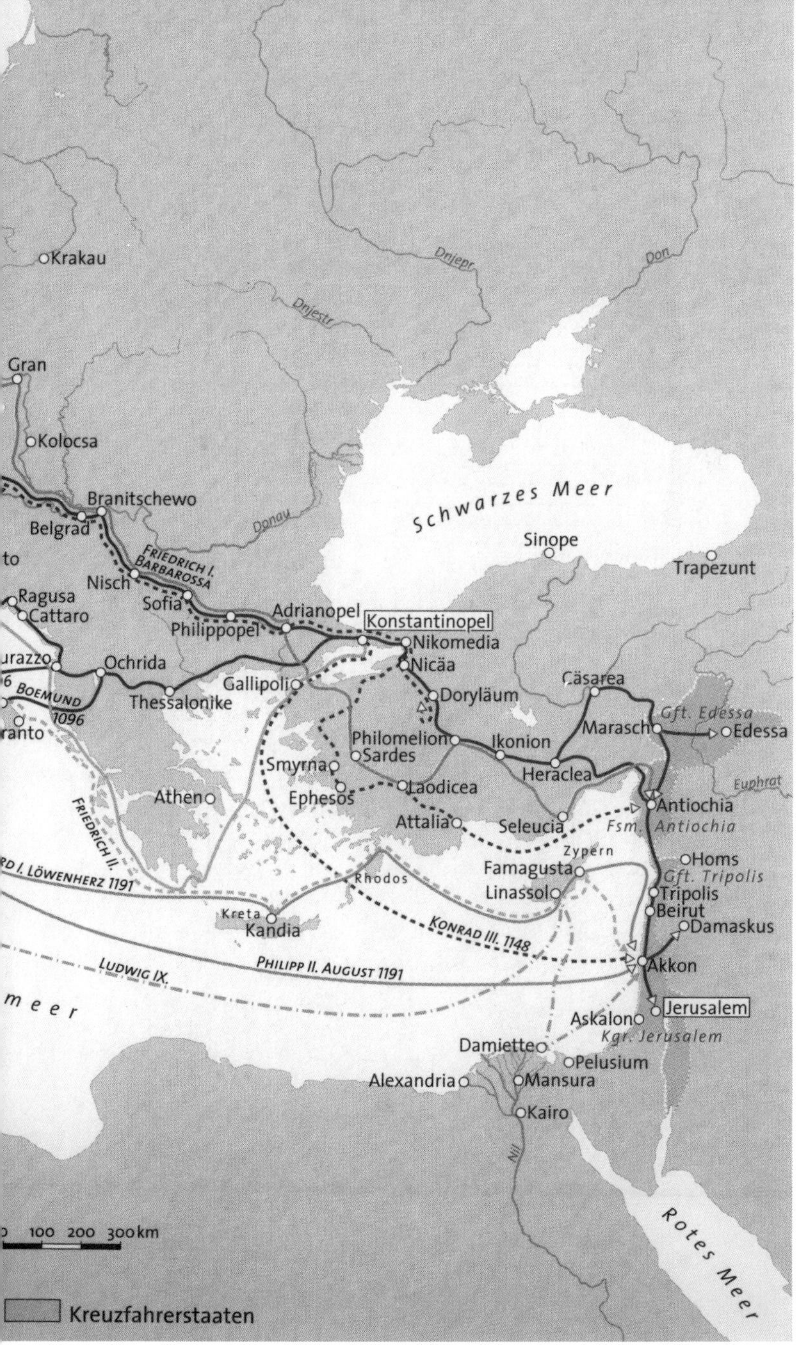

Die großen Wege der Kreuzfahrer

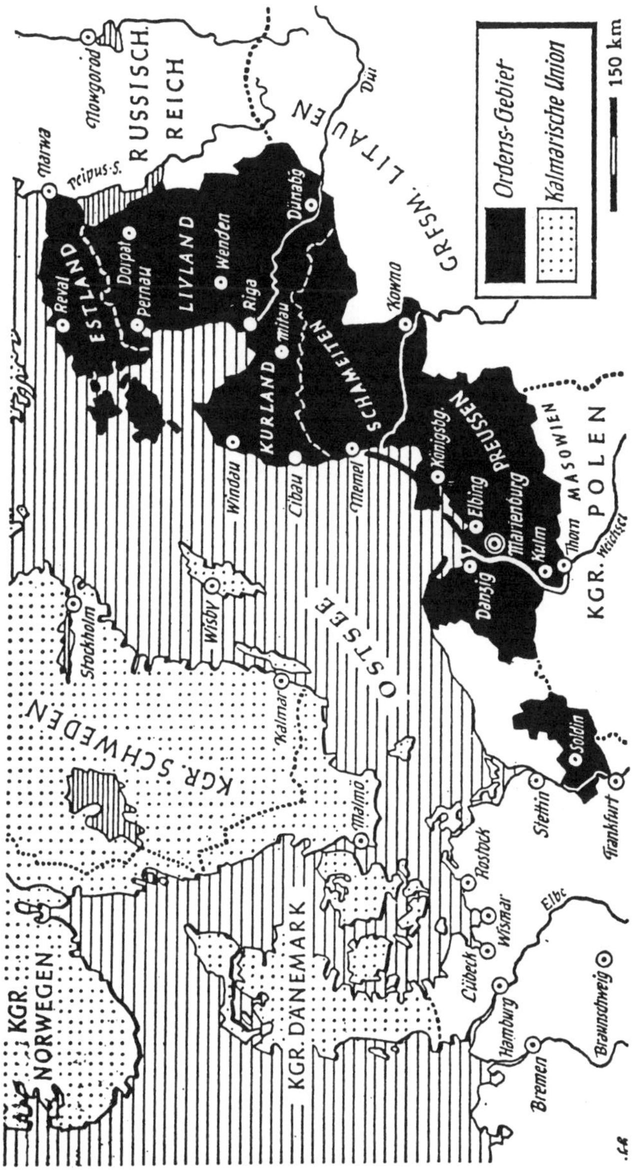

DIE LÄNDER DES DEUTSCHEN ORDENS BIS 1410

Der Autor, Professor Dr. phil. h. c. Emil Schlee, Jahrgang 1922, mit der Westpreußin Helga Schlegel seit 1952 verheiratet, kann auf ein vielseitiges und bewegtes Leben zurückblicken, was schon an der Aufzählung weniger ehemaliger Funktionen deutlich wird: Hauptmann a. D., Oberstudienrat a. D., Ministerialrat a. D., Professor em.; ehem. Abgeordneter in zwei Gemeindeparlamenten, im Kreistag, Hessischer Landtag, Europa-Parlament; Vorstandsfunktionen auf Orts-, Kreis-, Landes- und Bundesebene im Sport-, Landsmannschafts- und Parteibereich (heute parteilos) sowie auf Bundesebene ehemals Mitglied im Beirat für Fragen der inneren Führung beim Verteidigungsminister, im Bundesbeirat für Fragen der Vertriebenen und Flüchtlinge (BMI) als auch Landesbeauftragter für Vertriebene und Flüchtlinge der Landesregierung Schleswig-Holstein. Im Krieg als Frontoffizier u. a. mit dem EK I und dem Goldenen Verwundetenabzeichen, im Frieden mit dem BVK I und Goldenen Ehrennadeln ausgezeichnet, war der Autor mit seinem Studium (Geographie, Geschichte, Polit. Wiss., Pädagogik, Anthropologie, Soziologie, Leibeserziehung) und seiner gymnasialen und universitären Lehrtätigkeit (Frankfurt/M., Offenbach, Mainz, Kiel) für die Lebensaufgaben gut vorbereitet. Als Soldat, Pädagoge, Regierungsbeamter und Volksvertreter lagen ihm Erziehung und Bildung der jungen Generation und die Zukunft Deutschlands besonders am Herzen. Auch dieses Buch legt davon Zeugnis ab.